Helma Sick
frau & geld

Zu diesem Buch

Finanzielle Unabhängigkeit macht frei – in Beziehungen, in der Lebensgestaltung, im Beruf. Emanzipation ohne Ökonomie gibt es nicht. Und doch haben immer noch viele, wenn nicht die meisten Frauen eine tief verwurzelte Scheu vor dem Thema Geld, vor nüchterner, selbstbewußter Finanzplanung. Die Münchner Finanzberaterin Helma Sick, die vor allem Frauen berät, gibt engagiert und gut verständlich Auskunft: Wie Sie mit Geld richtig umgehen, an welchen Grundprinzipien Sie Ihre Vermögensplanung orientieren, warum Altersvorsorge wichtig ist und wie Sie Steuern sparen können.

Helma Sick, geboren 1941 in Viechtach / Bayerischer Wald. Inhaberin des Unternehmens frau & geld, Finanzdienstleistungen für Frauen in München. Die Autorin hält Vorträge zum Themenkomplex Frau und Geld, leitet Workshops und Seminare über Geldanlagen und schreibt regelmäßig Beiträge in Frauenzeitschriften.

Helma Sick

frau & geld
Ein Finanzratgeber

Mit fünf Cartoons von Rita Wildenauer

Piper München Zürich

Originalausgabe
1. Auflage Oktober 1994
5. Auflage März 1999
© 1994 Piper Verlag GmbH, München
Umschlag: Büro Hamburg
Simone Leitenberger, Susanne Schmitt
Umschlagabbildung: Firmenlogo von frau & geld
(© Frauke Bergmann)
Foto Umschlagrückseite: Irmin Eitel
Gesamtherstellung: Clausen & Bosse, Leck
Printed in Germany   ISBN 3-492-22007-X

INHALT

VORWORT

>»Liebe Frau Sick,
... mir ist so ein Gedanke gekommen, als ich Ihre ausführlichen Ratschläge las: Sie sollten einen regelmäßig erscheinenden Rundbrief herausgeben oder besser gleich selbst so ein ›Frauen-Finanzratgeber‹-Buch schreiben. Ich glaube, das würde ein Bestseller.«

Natürlich freute ich mich über diesen Brief und über viele andere, ähnliche, die ich im Laufe der Jahre erhielt. Aber warum sollte ich einen Finanzratgeber schreiben? Bücher über Geld und Geldanlagen füllen zuhauf die Regale der Buchhandlungen.

Aber dann ging ich im Kopf die Bücher durch, die ich kannte, und dachte über sie nach. Ich klassifizierte nach gut, eher praktisch oder eher theoretisch, nach lesbar oder im Fachjargon geschrieben.

Bei dieser Arbeit des Sortierens und Bewertens des Vorhandenen fiel mir auf: Neben einem laufenden Meter Fachliteratur für Professionelle gibt es mindestens vier Meter Literatur für Laien. Ein Großteil davon trägt Titel wie »Reich werden an der Börse«, »Der Weg zum Reichtum« usw.

»Finanzratgeber nähren oft die trügerische Hoffnung auf schnelle Gewinne«, schrieb Udo Perina in der Wochenzeitung »Die Zeit« in einem Artikel über Geld-Ratgeber. Und er schrieb weiter: »Nötiger als Bücher, die Hoffnung auf schnelle Gewinne machen, erscheinen deshalb Ratgeber, die vor schnellen Verlusten schützen.«

Viele Finanzratgeber suggerieren, daß der Weg zum Reichtum leicht erkennbar und leicht zu gehen sei. Das Geld liege sozusagen auf der Straße und könne nach Lektüre eines Buches mühelos aufgehoben werden. Eigentümlicherweise ist die Zahl der Millionäre trotzdem in den letzten Jahren nicht drastisch gestiegen.

Warum nur, frage ich mich übrigens, unterzieht sich ein Autor der Mühe des Buchschreibens, statt seine Ratschläge selbst zu befolgen und damit *reich* zu werden?

Natürlich gibt es Leute, die durch Spielbankgewinne, Pferdewetten oder durch Lottospiel reich geworden sind. Und natürlich gibt es AnlegerInnen, die durch Börsenspekulation viel Geld verdient haben. Voraussetzungen für letzteres sind

– umfangreiche Kenntnisse der Weltwirtschaft und ihrer Entwicklung,
– eine glückliche Hand für den Zeitpunkt und die Anlage,
– eine hohe Risikobereitschaft, d. h. ein Faible fürs Spielen,
– und eine solide finanzielle Basis, die über Durststrecken nach Fehlspekulationen hinweghilft.

Wenn Sie auf dieser Basis Ihr Glück versuchen wollen, gut. Mit Vermögensplanung und solider Geldanlage allerdings hat dies nichts zu tun.

Dieses Buch ist aus der Praxis entstanden, im jahrelangen und täglichen Umgang mit vielen Frauen: jungen Frauen und weniger jungen, selbständigen und angestellten, Frauen mit wenig und Frauen mit viel Geld, Hausfrauen und Karrierefrauen.

Sehr viele von ihnen wissen erschreckend wenig über Geldanlagen und wirtschaftliche Zusammenhänge, finden Geld und alle damit zusammenhängenden Themen völlig uninteressant, kommen deshalb über einen Notgroschen nicht hinaus oder sind leichte Opfer von Betrügern oder unqualifizierten Beratern.

Viele Frauen verdrängen trotz schlechter Ausgangsbedingungen das große Problem der Absicherung im Alter, und einige denken sogar noch, daß ein Ehemann eine gute Altersversorgung sei.

Frauen verkennen häufig, daß der Umgang mit Geld auch eine gesellschaftliche und politische Dimension hat.

Finanzielle Unabhängigkeit macht frei – in Beziehungen, in der Lebensgestaltung, im Beruf. Emanzipation ohne finanzielle Unabhängigkeit gibt es nicht.

Geld – das letzte Tabu für Frauen?

Das Ideal
– Wie Frauen mit Geld umgehen sollten

Die Realität
– Wie Frauen tatsächlich mit Geld umgehen,
  woher das kommt und wie sich das auswirkt

Das Ideal
– Wie Frauen mit Geld umgehen sollten

Ein emotional gesunder, reifer Mensch
- plant sein Einkommen
- hat eine Rücklage als Sicherheit
- hat ein Budget für spontane Ausgaben
- kann Geld ohne Schuldgefühle ausgeben
- verbindet ein bequemes mit einem sicheren Leben
- hat Ersparnisse und Versicherungen
- nimmt Kredite ohne Mißbrauch
- geht vernünftige Risiken ohne Spekulationen ein
- hortet Geld nicht gierig
- verschwendet Geld nicht
- ist nicht neidisch
- hilft ab und zu Bedürftigen.*

Die Realität
– Wie Frauen tatsächlich mit Geld umgehen, woher das kommt und wie sich das auswirkt

Im Herbst des Jahres 1989 hielt ich auf einem Finanzkongreß den folgenden Vortrag. Seitdem hielt ich ihn vor über hundert Frauenverbänden, Frauengremien und -gruppen im ganzen Bundesgebiet. Ich überarbeitete und aktualisierte den Vortrag mehrmals. Die grundlegenden Erkenntnisse sind aber seit damals unverändert:

Frauen verhalten sich unabhängig von ihrer sozialen Herkunft und ihrer Ausbildung in Gelddingen eher passiv und

---

* nach Ernest Borneman, Psychoanalyse des Geldes. Frankfurt/Main 1973.

wählen in der Regel weniger ertragreiche, aber »sichere« Geldanlagen.

Der Umgang von Frauen mit Geld hat aus historischen und sozialen Gründen keine Tradition!

Wie fast alles im Leben läßt sich auch das Thema »Geld« unter einer Vielzahl von Blickwinkeln betrachten. Es spielt in praktisch jedem Lebensbereich eine wichtige Rolle, aber mit diesem Begriff werden höchst widersprüchliche Vorstellungen verknüpft: Geld zu *haben* gilt allgemein als fein, besonders dann, wenn sein Besitz alt ist.

Geld *machen* dagegen wird mit Begriffen wie »gerissen, clever, raffiniert« belegt, mit Begriffen also, die zwar fast bewundernd ausgesprochen werden, die aber nicht unbedingt einen positiven Beigeschmack haben.

Ähnlichen Widersprüchen unterliegt der Besitz von Geld, diesmal nicht unter dem gesellschaftlichen, sondern unter dem moralischen Aspekt beleuchtet: Unzweifelhaft lebt es sich mit viel Geld besser als mit wenig, aber »eher geht ein Kamel durch ein Nadelöhr, als daß ein Reicher in den Himmel kommt«, heißt es – in einer nicht ganz richtigen Auslegung – in der Bibel, also ist wohl Armut dem Reichtum vorzuziehen.

Dieses Zitat legt eine der Wurzeln der Geldmoral frei, die – wie so vieles im christlichen Abendland – auch im Christentum liegt. Das Christentum fordert in irdischen, also materiellen Dingen Enthaltsamkeit und postuliert gleichsam eine sittliche Überlegenheit der Armen (die ja dann bekanntlich im Jenseits um so reicher entlohnt werden).

Für Frauen, die von jeher gesellschaftlichen Wertvorstellungen weit stärker unterlagen als Männer, kam zu dieser christlichen Grundhaltung gegenüber Geld auch noch ihre gravierende gesellschaftliche Benachteiligung, die sie daran hinderte, ihre Fähigkeiten im wirtschaftlichen Bereich zu entfalten.

Bis in die Neuzeit war die Frau kein öffentliches Wesen; bei fast allen Rechtshandlungen benötigte sie einen gesetzlichen Vertreter. Sie war der Alleinherrschaft des Mannes unterstellt und wurde gleichgestellt mit Sklaven, Vieh und Sachen. Aufgrund ihrer »Geschlechtsschwäche« brauche sie, so meinte man, bei wichtigen Geschäften einen Vormund.

Ausgenommen davon war die Zeit zwischen dem 13. und 15. Jahrhundert, in der Frauen mehr Rechte eingeräumt wurden. Sie erlernten damals Berufe, wurden Meisterinnen, organisierten sich in Zünften. In den Städten waren Frauen generell von keinem Gewerbe ausgeschlossen, zu dem ihre Kräfte reichten. Ja sogar von einer Handelsfrau wird berichtet, die im 15. Jahrhundert Geschäftsreisen nach England unternahm.

Aber: Es ist zu vermuten, daß es sich auch damals um das bekannte »Trümmerfrauen-Syndrom« gehandelt hat, denn im Mittelalter herrschte gravierender Männermangel, bedingt durch Kreuzzüge, beschwerliche Handelsreisen und durch die Pest, an der mehr Männer als Frauen starben.

Sehr bald gab es wieder die Tendenz, die Frauen in die Rolle der Hausfrau und Mutter abzudrängen. (Ein Instrument dazu war unter anderem die Verfolgung selbständiger Frauen als Hexen. Einige Religionswissenschaftler behaupten, daß dieses düstere Kapitel der Kirchen auch einen deutlich wirtschaftlichen Aspekt hatte: Das Vermögen von »Hexen« fiel den jeweiligen Kirchen anheim, deshalb gerieten reiche Witwen besonders leicht in den Verdacht, eine Hexe zu sein.)

Die Dominanz und das Bestimmungsrecht des Mannes, bzw. die Bevormundung der Frau, bestanden bis zur Mitte des 20. Jahrhunderts. Nach dem Familienrecht des BGB entschied noch bis nach 1945 der Mann aufgrund »der natürlichen Ordnung der Verhältnisse«, wie es hieß, in den das gemeinschaftliche Leben betreffenden Angelegenheiten. Die Frau hatte den Haushalt zu führen. Eine Erwerbstätigkeit war ihr nur mit Zustimmung des Mannes möglich. Das Gesetz zur Gleichstellung von Mann und Frau wurde erst 1958 verabschiedet!!!

Das ideologische Verbot für Frauen, mit Geld umzugehen, wurde durch die gängige Literatur gestützt, bzw. durch die in dieser Literatur gezeichneten Frauen. So ist das positive Bild von Frauen in der Trivialliteratur geprägt durch Eigenschaften wie: herzensgut, den schönen Künsten zugetan, sozial aufopferungsbereit und den weltlichen Gütern eher abhold.

Dieses Frauen-Klischee finden Sie in Reinform bei Ganghofer, Anzengruber und Hedwig Courths-Mahler, aber auch in vielen Filmen der 50er Jahre: Im Kampf um den jungen, hübschen und reichen Grafen gewinnt immer die blonde, blauäugige und *arme* Försterstochter gegen die rothaarige, grünäugige und *reiche* Dame aus den Salons der Großstadt.

Wer arm ist, wird belohnt, heißt hier die Botschaft! *Pecunia non olet*, Geld stinkt nicht, gilt seit den ruhmreichen Zeiten des alten Roms nur für Männer, nicht aber für Frauen. Und tendenziell ist dies heute noch so:

- Wenn eine hochqualifizierte Wissenschaftlerin für ihre Vorträge vor internationalen Gremien nicht mehr Honorar zu fordern wagt, obwohl ihre männlichen Kollegen schon längst das doppelte Vortragshonorar erhalten,
- wenn eine Spitzenverdienerin über ihren Steuersatz von über 50 % klagt, sich aber aus panischer Angst vor Schulden weigert, diesen Steuersatz durch eine rationale Geldanlage zu senken,
- wenn Frauen in Einstellungsgesprächen nicht nach dem Gehalt fragen,
- wenn sich Frauen selbständig machen und bei der Kalkulation ihr eigenes Einkommen vergessen oder ausschließlich »Spaß« an der Arbeit haben wollen,
- wenn beinahe jede zweite Frau im Gespräch mit mir strahlend und fast stolz berichtet, daß sie zu Geldanlagen überhaupt keinen Zugang habe.

Und gesellschaftlich gesehen, finden Sie eine Entsprechung in den sozialen Berufen, die überwiegend von Frauen ausgeübt und schlecht bezahlt werden (Männer in sozialen Berufen *leiten* die Projekte!).

Eine Skurrilität am Rande sei noch erwähnt:
Die Speisekarte für Damen, auf der keine Preise abgedruckt sind, liegt in manchen feinen Restaurants noch immer nicht in den Schubladen!

Frauen haben also, insgesamt gesehen, weniger Erfahrung

mit Geld und mehr Scheu, mit Geld umzugehen. In dem Buch »Psychologie des Geldes« beschreibt der Wirtschaftswissenschaftler Günter Schmölders im Jahre 1966, daß den Frauen zwar das Wirtschaften mit Geld weitgehend übertragen ist, daß Männer sich aber besser in Gelddingen auskennen, besonders wenn es um abstraktere Formen von Geld, wie z. B. Wertpapiere, geht.

Und dies hat sich leider in den letzten 20 Jahren nicht wesentlich verändert, wie sich aus einer umfangreichen Dokumentation des Nachrichtenmagazins »Der Spiegel« aus dem Jahre 1985 ableiten läßt. (Die Dokumentation wurde inzwischen aktualisiert.) Die Wiedergabe der Zahlenkolonnen und statistischen Aufstellungen würde den Rahmen dieses Buches sprengen. Die wesentlichsten Aussagen aus dieser Dokumentation sind: Je abstrakter das Geld bzw. die Geldanlage wird, desto unattraktiver wird sie für Frauen. Kriterien, die zur positiven Bewertung einer Geldanlage durch Frauen führen, sind hohe Liquidität, geringes, am besten kein Risiko und Inflationssicherheit. Männer dagegen setzen bei Geldanlagen auf Rendite, Steuervorteile und Wertzuwachs.

Interessant sind auch die Ziele, die mit Geldanlagen bzw. Sparen verfolgt werden. Bei Frauen dominiert die Rücklage für Notfälle, dann das Sparen für größere Anschaffungen, während das nicht auf ein kurzfristiges Ziel gerichtete Sparen, das bei Männern häufig zu renditeträchtigeren Anlagen führt, zusammen mit der Alterssicherung bei Frauen hintangestellt ist.

Männer haben generell und ziemlich durchgängig für das Alter besser vorgesorgt als Frauen. Und dies hat fatale Folgen. Sie sind u. a. im Bericht über die »Neue Armut« beschrieben, den das Sozialreferat der Stadt München 1987 veröffentlicht hat (vermutlich sind die Zahlen auf andere Großstädte Deutschlands übertragbar). Demnach ist Armut im Alter weiblich, denn die Sozialhilfedichte ab 65 Jahren ist mit 29 auf 1000 Frauen wesentlich höher als bei Männern (da sind es 17 auf 1000). Kein Wunder, wenn Sie bedenken, daß 80 % der derzeitigen Frauenrenten unter DM 800,– liegen!

Frauen legen also ihr Geld überwiegend sicher zu niedrigen Zinsen an, geht aus der Statistik hervor. (Wenn Sie es überhaupt selbst anlegen! Viele Frauen lassen ihr Geld vom Ehemann, vom Vater oder vom Bruder verwalten!). Diese Haltung, verbunden mit der Ausrichtung auf das Kleine, Überschaubare, die den Frauen ja traditionell zugewiesen ist, zeigt in der Praxis oft nahezu groteske Folgen: In den Schubladen schlummert häufig über Jahre oder Jahrzehnte Erspartes, so verteilt auf verschiedene Sparbücher und verschiedenste Sparanlagen bei verschiedenen Banken, daß der Überblick völlig verlorengegangen ist. Es sind nicht selten 100 000,– DM und mehr, die sich bei einer Bestandsaufnahme aufaddieren, meist zur großen Überraschung der Frauen.

100 000,– DM zu 2 bis 3 % Zinsen – eine sehr günstige Refinanzierungsquelle für Banken!

Eine weitere Folge der Unwissenheit, des Ungeübtseins und des Desinteresses ist, daß Vertreter von Banken, Versicherungen, Bausparkassen dazu neigen, Frauen zu übervorteilen. Die Erfahrung zeigt, daß die Unkenntnis vieler Frauen auf diesem Gebiet häufig ausgenutzt wird, um sie zu überflüssigen oder für sie nicht vorteilhaften Abschlüssen zu überreden (vielleicht erklärt sich hieraus, warum so viele Frauen zur Geldanlage wenig lukrative Bausparverträge abschließen). Die jeweiligen Risiken oder auch nur Nachteile einer Geldanlage werden ihnen oft nicht deutlich vor Augen geführt, die Lebensumstände der Frauen und ihre individuellen Ziele kaum berücksichtigt.

Eine gute Beratung dagegen beruht auf einer gründlichen Analyse der wirtschaftlichen Situation und ihrer Entwicklung, auf Anlagevorschlägen, die den persönlichen Zielen und der Mentalität der Anlegerin angepaßt sind und auf dem Angebot von Kapitalmarktprodukten nach bestem Wissen und Gewissen.

Mit dieser Abhandlung zum Thema »Frauen und Geld« will ich aufzeigen, daß es nicht nur darum geht, renditeträchtig Mark auf Mark zu legen. Es geht auch und vor allem darum, bei

Frauen das Bewußtsein für das immer noch tabuisierte und doch so wichtige Thema »Geld« zu schärfen, die tiefsitzenden Rollenvorstellungen auch in diesem Bereich zu überwinden.

Das Magische Dreieck

– Was Sie wissen müssen, bevor Sie Geld anlegen

Sie möchten sicherlich, ebenso gerne wie ich, eine Geldanlage haben, die nicht nur hohe Erträge bringt, sondern auch absolut sicher ist und über die Sie jederzeit verfügen können. Wenn Sie damit dann auch noch Steuern sparen könnten und nicht allzu viel damit zu tun hätten, wäre die Geldanlage ideal!

Sie können sich denken, daß es eine Geldanlage, die all diese Ziele in idealer Weise verwirklicht, nicht gibt. Bezeichnenderweise wird die Darstellung dieser Ziele das »Magische Dreieck« genannt:

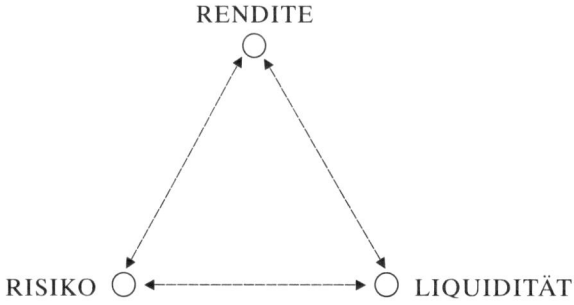

Nur Magie könnte Ihnen den maximalen Ertrag bei geringstem Risiko und jederzeitiger Verkäuflichkeit bringen.

Wenn Sie Ihr Geld beispielsweise auf ein Sparbuch legen, haben Sie zwar kein Risiko, und Sie können schnell an Ihr Geld. Ihr Ertrag ist aber sehr mager. Nach Abzug von Steuern und Inflationsrate bleibt meist nichts mehr übrig.

Sie müssen also Kompromisse schließen. Wenn Sie bei Ihrer finanziellen Planung Liquidität und Ertrag, Wachstum und Sicherheit in gleicher Weise berücksichtigen wollen, dürfen Sie nicht in eine einzige Geldanlage investieren – Sie müssen Ihr Geld streuen.

Zu den Begriffen des »Magischen Dreiecks«:

Liquidität

heißt, daß Sie über Ihr Geld jederzeit verfügen können. Besonders Frauen, das zeigen Umfragen, möchten ihr Geld jederzeit griffbereit haben.

So wichtig es ist, eine ständig verfügbare Liquiditätsreserve für Anschaffungen, Reisen und für Notfälle zu haben, so unsinnig und wenig lukrativ ist es in der Regel, das ganze Geld für imaginäre Notfälle bereitzuhalten.

Ebenso wenig sinnvoll ist es allerdings, das ganze Vermögen langfristig und schwer auflösbar anzulegen. Eine solide, auf die individuellen Bedürfnisse abgestellte Vermögensplanung berücksichtigt dies.

Rendite (Ertrag)

zeigt, was Ihnen Ihr eingesetztes Kapital bringt. Die meisten Leute denken dabei ausschließlich an Zinsen. Erträge können aber auch sein: Dividenden bei Aktien, Ausschüttungen bei Investmentfonds, Mieteinnahmen bei Immobilien. Auch Steuerersparnisse bei Immobilien und Lebensversicherungen, Wertzuwachs bei Immobilien, Antiquitäten und Gold sowie Kursgewinne bei Aktien und Festverzinslichen Wertpapieren müssen Sie zu den Erträgen rechnen.

Viele Leute lassen sich bei ihren Anlageentscheidungen ausschließlich von der Höhe der Zinsen beeindrucken, ohne zu berücksichtigen, wie hoch diese Zinserträge besteuert werden. Wer keine Steuern bezahlt (und wer ist schon in dieser glücklichen Lage?), kann sich über Zinserträge von 10% uneingeschränkt freuen. Wenn Sie aber beispielsweise dem Spitzensteuersatz von 53% unterliegen und den Freibetrag für Zinserträge schon ausgeschöpft haben, bleiben Ihnen nach Abzug der Steuern nur noch 4,7%! Entscheidend ist also immer die Rendite *nach* Steuern.

Bei Gutverdienenden kann es deshalb sehr sinnvoll sein,

statt hoher Zinserträge steuerfreie Kursgewinne (bei Aktien) oder steuerfreie Wertzuwächse (bei Immobilien und Lebensversicherungen) anzustreben.

Risiko

Es gibt keine Geldanlage ohne jedes Risiko. Bei dem Wort »Risiko« denken die meisten Leute an Totalverluste durch Börsencrashs oder betrügerische Anlagevermittler. Von diesen Extremfällen einmal abgesehen, gibt es ganz alltägliche und manchmal nicht vermeidbare Risiken, die Sie kennen sollten:

1. Das *Bonitätsrisiko*

   Gemeint ist damit, daß die Institution oder das Unternehmen, dem Sie Ihr Geld anvertrauen, sicher sein muß. Bei Anleihen namhafter europäischer Banken dürfte kein Risiko bestehen. Bei Anleihen verschiedener Länder gilt es schon aufzupassen. Oder möchten Sie derzeit russische Staatsanleihen besitzen?

   Industrieanleihen (die allerdings in Deutschland kaum eine Rolle spielen) bergen das größte Risiko. Erinnern Sie sich an den bis heute nicht ganz geklärten Tod des britischen Unternehmers Maxwell? Erst nach seinem Tod wurde deutlich, daß das Unternehmen hoch verschuldet ist und die Anleihezinsen nicht mehr gezahlt werden können. Oder der Fall des australischen Unternehmers Alan Bond, dessen hochverzinste Anleihen von deutschen Banken in den 80er Jahren gern verkauft wurden? Bond ist pleite, die Rückzahlung des Geldes ungewiß.

   Fragen Sie Ihre Bank nach dem Rating des Unternehmens. Das ist die Bewertung der Kreditwürdigkeit eines Schuldners durch spezielle Agenturen. Am häufigsten finden Sie die Bewertung von Standard & Poor's:

   AAA = allerbeste Beurteilung, sehr geringes Risiko

   AA+ = hohe Qualität, geringes
   AA   Risiko
   AA–

A+	=	gute Qualität des Schuldners;
A		aber auch negative Entwicklung ist
A−		möglich

BBB+	=	durchschnittliche Qualität des
BBB		Schuldners;
BBB−		Risiko möglich

BB+	=	Anleihen mit spekulativem
BB		Charakter; Gefahr, daß Zinsen und
BB−		Tilgung nicht gezahlt werden

B+	=	sehr spekulatives Wertpapier
B		
B−		

CCC	=	hochspekulative Anlage,
CC		sogenannte »Junk bonds« (Müllanleihen)
C		

2. Das *Marktrisiko*

Niemand kann Ihnen heute sagen, ob die Zinsen in den nächsten Jahren steigen oder fallen, wie sich der Dollar entwickelt, ob die Aktienkurse noch weiter steigen, ob es einen Börsenkrach gibt oder nicht.

Wer Ihnen etwas anderes verspricht, ist unseriös. Wenn Sie regelmäßig verschiedene Wirtschaftspublikationen lesen, dann wissen Sie, wie oft sich auch hochkarätige Spezialisten großer Geldinstitute in ihren Prognosen irren.

Sie können nur ganz allgemein sicher sein, daß auf eine Zeit niedriger Zinsen immer wieder eine Hochzinsphase folgt, daß Höhenflüge bei Aktien durch politische und wirtschaftliche Ereignisse gebremst werden können, daß auf einen Konjunkturabschwung auch wieder ein -aufschwung folgt.

3. Das *politische Risiko*

Änderungen in der Gesetzgebung können gravierende Auswirkungen für AnlegerInnen haben. Denken Sie nur an die Einführung der Zinsabschlagsteuer, die eine ganze Nation in Aufruhr versetzte.

Denkbar sind in Zukunft beispielsweise
- die Besteuerung von Kursgewinnen,
- die Ausweitung der Spekulationsfrist bei Immobilien von bisher 2 auf 5 oder mehr Jahre
- oder auch die Besteuerung des Wertzuwachses bei Immobilien
- und sogar die Aufhebung des Bankgeheimnisses.

4. Das *Geldwertrisiko*

Die Geldentwertung ist sicherlich das in der langfristigen Wirkung am meisten unterschätzte Risiko.

Die Bundesrepublik Deutschland ist zwar »Stabilitäts-Weltmeister«, trotzdem ist die Kaufkraft von 1,– DM in 30 Jahren auf 39 Pfennige geschrumpft! Ein anderes Beispiel zeigt die Geldentwertung noch drastischer: Wenn Sie 1973 10000,– DM besessen haben, dann haben Sie zwar heute nach wie vor 10000,– DM, können sich aber nur noch im Wert von 5536,80 DM etwas dafür kaufen.

Schauen Sie sich in der nachfolgenden Übersicht an, wie sich verschiedene Preise von 1965 bis 1990 verändert haben. Und wie sich die Preise in den nächsten 25 Jahren, bei einer gleichhoch angenommenen Inflationsrate, vermutlich entwickeln werden.

1965	1990	2015
	Porto für Normalbrief	
DM 0,20	DM 1,–	DM 5,– (?) (kostet Eilbrief heute schon)
	Bild-Zeitung	
DM 0,10 »Zehn Pfennig Bild«	DM 0,50 bis 0,60	DM 2,50 bis 3,– (?)
	Daimler Benz 200 D (mit durchschnittl. Sonderausstattung)	
DM 8600,–	DM 43000,–	DM 215000,– (?)
	Herren-Haarschnitt	
DM 2,50 bis 3,50	DM 25,– bis 35,–	DM 250,– bis 350,– (?)

1965	1990	2015
	Kännchen Kaffee im Café	
DM 0,80 bis 1,–	DM 5,– bis 6,–	DM 25,– bis 30,– (?)
	Miete 3-Zimmer-Wohnung	
DM 300,–	DM 1200,–	DM 4800,– (?)
	Kinokarte	
DM 2,–	DM 10,–	DM 50,– (?)
	Brötchen (Standard-Version)	
DM 0,06	DM 0,30	DM 1,50 (?)

Quelle: »gerlach-report«, Oberursel, Nr. 44/90.

Sie werden einwenden, daß sich in 25 Jahren auch die Einkommen drastisch erhöht haben. Das ist natürlich richtig. Und für den Fall, daß Sie in 25 Jahren noch arbeiten und Gehalt beziehen werden, ist dieses Beispiel auch nicht gedacht. Wenn Sie aber von dem Geld, das Sie jetzt sparen und anlegen, im Rentenalter werden leben müssen, ist die Preisentwicklung bzw. Geldentwertung außerordentlich wichtig.

Richtig ist auch, daß die Preise verschiedener Güter drastisch zurückgegangen sind, bei Taschenrechnern z. B. ist dies eindrucksvoll zu sehen. Nur: Wie oft kaufen Sie sich einen Taschenrechner?

Entgehen können Sie auf längere Sicht den Folgen der Geldentwertung nur, wenn Sie Geldanlagen wählen, die einen höheren Ertrag bringen und/oder bei denen sich durch steuerliche Vergünstigungen die Rendite erhöht.

Chancen und Risiken

– Was Sie wissen sollten, wenn Sie sich für
  Geldanlagen intcressieren

»Der Oktober ist einer der gefährlichsten Monate, wenn man Aktiengeschäfte durchführen will.
Weitere gefährliche Monate sind der Juli, Januar, September, April, November, Mai, März, Juni, Dezember, August und der Monat Februar.«

Mark Twain

Aktien

sind Wertpapiere, Anteilscheine am Kapital einer Aktiengesellschaft, wie z. B. Siemens, BMW, Deutsche Bank. Mit der Ausgabe von Aktien verschaffen sich Aktiengesellschaften Eigenkapital. Die Inhaberin einer Aktie ist Miteigentümerin am Vermögen einer Aktiengesellschaft.

Die meisten an deutschen Börsen notierten Aktien haben einen Nennwert von 50,– DM. (Der Nennwert ist die Zahl, die der Aktie aufgedruckt ist.) Wenn eine Aktiengesellschaft ein Grundkapital von 10 Millionen DM hat, das in 200 000 Aktien zu je 50,– DM Nennwert aufgeteilt ist, dann haben Sie als AktionärIn mit einer Aktie im Nennwert von 50,– DM eine Beteiligung von einem Zweihunderttausendstel an diesem Unternehmen. Und damit haben Sie eine von 200 000 Stimmen auf der Hauptversammlung.

Gekauft werden Aktien aber nicht zum *Nennwert*, sondern zum *Kurswert*, der ein Vielfaches höher sein kann als der Nennwert. (Der Nennwert einer Siemensaktie beträgt z. B. 50,– DM, der Kurswert für Siemens-Aktien lag Anfang Januar 1994 bei 797,– DM.) Der Kurswert wird bestimmt von Angebot und Nachfrage, von Erfolg und Mißerfolg der einzelnen Unternehmen, von der allgemeinen wirtschaftlichen Entwicklung und von innen- sowie außenpolitischen Ereignissen.

Einen Kursgewinn erzielen Sie, wenn Sie Ihre Aktie zu einem höheren Kurs verkaufen, als Sie sie gekauft haben. Einen Kursverlust müssen Sie verbuchen, wenn Sie das Papier zu einem niedrigeren Kurs verkaufen, als Sie es gekauft haben.

Als Aktionärin erhalten Sie auf Ihre Anteile eine jährliche Gewinnausschüttung, die sogenannte Dividende. Im Gegensatz zu Zinsen bei festverzinslichen Wertpapieren steht die Dividende aber nicht fest. Erzielt die Aktiengesellschaft keinen Gewinn, kann die Dividende herabgesetzt werden oder auch ganz ausfallen. Sie kann aber natürlich auch erhöht werden.

Ertrag:	der laufende, jährliche Ertrag, die Dividende, ist relativ niedrig (2–4%). Gewinne aus Kurssteigerungen der Aktien haben Sie erst dann in barer Münze, wenn Sie die Aktien verkauft haben.
Risiko:	Kursschwankungen, die beträchtlich sein können
Liquidität:	Aktien können täglich über Banken verkauft werden.
Verwaltbarkeit:	Für die Verwaltung von Aktien ist ein hohes Maß an Wissen und Zeitaufwand erforderlich.
Steuern:	Dividenden müssen versteuert werden, Kursgewinne sind steuerfrei, wenn Sie die Aktien länger als sechs Monate in Ihrem Besitz hatten (Spekulationsfrist).
geeignet für:	risikobereite AnlegerInnen, die den Freibetrag für Zinserträge schon ausgeschöpft haben und die sich intensiv mit dieser Anlageform beschäftigen können.

Meine Meinung dazu:
Aktien sind eine interessante Kapitalanlage.

Sie zählen zu den relativ krisensicheren, nicht inflationsgefährdeten Sachwertanlagen.

Aktien sind aber auch Risikopapiere, d. h. die Gefahr eines Kurseinbruches ist jederzeit gegeben.

Ich meine, daß Aktienanlagen zu jeder langfristigen Vermögensplanung gehören. Allerdings rate ich eher zu Aktien-Investmentfonds, da Sie sich hier nicht selbst mit der Auswahl von Aktien befassen müssen. Das Risiko, die falsche Aktie zur falschen Zeit gekauft oder verkauft zu haben, minimieren Sie mit einem guten Aktienfonds.

Von kurzfristigen, rein spekulativen Aktien-Engagements rate ich ab. Sie müssen über beträchtliches Wissen und viel Zeit verfügen, wenn Sie hier erfolgreich sein wollen.

Aktien-Investmentfonds

werden ausführlich unter »Fonds« besprochen.

Antiquitäten, Kunst

Mit Kunst, Antiquitäten, Porzellan und anderen Sammelobjekten haben Sie sicherlich die ästhetischste Form der Geldanlage gewählt. Ob diese Art der Anlage aber auch gewinnbringend für Sie ist, muß bezweifelt werden.

Es kann sehr lange dauern, bis Sie bei einem Verkauf Ihren Einstandspreis wiedererlangen. Immerhin müssen Sie erst den Aufschlag des Händlers von 30 bis 40 %, den Sie beim Kauf bezahlen mußten, übersprungen haben.

Antiquitäten, besonders aber Kunstgegenstände, unterliegen außerdem dem Zeitgeist und damit wechselndem Geschmack.

Ertrag: kein laufender Ertrag, bei guten und seltenen Objekten evtl. Wertsteigerung beim Verkauf; steuerfreier Ertrag beim Verkauf.

Risiko:	keines.
Liquidität:	eingeschränkt, Sie müssen ja erst eine/n KäuferIn finden.
Verwaltbarkeit:	gut; das Abstauben ab und zu macht keine besondere Mühe.
Steuern:	Gewinne durch Wertsteigerung beim Verkauf sind steuerfrei.
geeignet für:	AnlegerInnen mit Freude an schönen Dingen, die über ein finanzielles Polster verfügen.

Meine Meinung dazu:

Freuen Sie sich, wenn Sie ein edles Stück gefunden haben, betrachten Sie es aber nicht als gute Geldanlage. Es sei denn, sie haben, wie vor einigen Jahren in München geschehen, großes Glück: Ein junger Mann fand auf einem Flohmarkt ein Kruzifix, das ihm gefiel und das er für 15,– DM kaufte. Die vielen, etwas kitschigen Farbschichten ließ er entfernen und entdeckte, was ihm Kunstsachverständige bestätigten, ein Werk von Tilman Riemenschneider.

Sie stimmen mir sicherlich zu, wenn ich sage, daß so etwas äußerst selten vorkommt.

Bausparen

– oder: Können Hunderttausende irren?

Bausparen ist in Deutschland eine der beliebtesten Sparformen überhaupt – eine deutsche Besonderheit, die es in dieser Form nirgendwo sonst gibt. Es gibt kaum eine Familie in Deutschland, die nicht einen oder mehrere Bausparverträge besitzt. Kein Wunder, der Name verbindet zwei Begriffe, die in Deutschland außerordentlich positiv besetzt sind:

Bauen und *Sparen*.

Das klingt so schön nach Heim und Herd, nach Tüchtigkeit und

36

Tugend. Und, ja, es klingt auch ein bißchen nach Anstrengung und Schweiß, was bekanntlich den Wert eher steigert!

Die meisten Bundesbürger wissen nicht, daß Bausparen keineswegs immer der beste Weg zum Traumziel ist. Das Bauspardarlehen selbst hat zwar einen sehr viel niedrigeren Zins als ein normaler Bankkredit. Durch Abschluß- und Darlehensgebühren und durch die Prämien für eine Restschuldversicherung relativiert sich aber dieser Vorteil.

Außerdem zahlen Sie für das günstige Bau-Darlehen einen hohen Preis. Ihr Bausparguthaben bringt Ihnen in der Ansparzeit oft nicht einmal halb so viel Zinsen wie andere Geldanlagen.

Ertrag:	häufig geringer als auf dem Sparbuch. Für Frauen unter der Einkommensgrenze von 50 000,– DM im Jahr evtl. interessant durch Wohnungsbauprämie und Arbeitnehmer-Sparzulage.
Risiko:	die Zuteilung des Bauspardarlehens zu einem bestimmten Zeitpunkt ist nicht gewährleistet. Sie können also nicht damit rechnen, daß Sie das Darlehen erhalten, wenn Sie es brauchen.
Liquidität:	wird Wohnungsbauprämie bzw. Arbeitnehmer-Sparzulage bezogen, Ausstieg erst nach sieben Jahren möglich. Sonst jederzeit auflösbar, die Abschlußgebühr ist dann aber verloren.
Verwaltbarkeit:	pflegeleicht.
Steuern:	Zinsen sind steuerpflichtig.
geeignet für:	allenfalls für Frauen mit einem zu versteuernden Einkommen unter 50 000,– bzw. bei Verheirateten unter 100 000,– DM im Jahr wegen Wohnungsbauprämie und Arbeitnehmer-Sparzulage.

Meine Meinung dazu:
Bausparverträge sind zur Geldanlage völlig ungeeignet. Wer nicht bauen will, sollte die Finger von Bausparverträgen lassen.

Auch der Einsatz bei Baufinanzierungen – die eigentliche

Domäne der Bausparkassen – ist mittlerweile umstritten. Finanzmathematiker weisen nach, daß es wesentlich günstiger ist, wenn Sie Ihr Geld in der Ansparphase z. B. in Bundesschatzbriefen anlegen und dann eine ganz normale Bankhypothek aufnehmen.

Ein weiterer schwieriger Punkt bei Bausparfinanzierungen sind außerdem die hohen Tilgungsraten, mit denen das Bauspardarlehen in relativ kurzer Zeit zurückgezahlt werden muß. Viele junge Familien kommen damit an die Grenze ihrer finanziellen Belastbarkeit.

Der Vollständigkeit halber sollen zwei Möglichkeiten erwähnt werden, bei denen Bausparen sinnvoll ist:

Wenn Ihr zu versteuerndes Einkommen unter 50 000,– DM im Jahr (bei Alleinstehenden) oder 100 000,– (bei Verheirateten) liegt, haben Sie Anspruch auf die Wohnungsbauprämie. (Achtung: Die Prämie gibt es nicht auf das Guthaben auf Ihrem Bausparkonto, sondern nur auf die jährliche Einzahlung von maximal 1 000,– DM. Es lohnt sich demzufolge nicht, mehr als 1 000,– DM jährlich auf den Bausparvertrag einzuzahlen. Die Wohnungsbauprämie von 10 % beträgt also pro Jahr maximal 100,– DM für Alleinstehende, für Verheiratete 200,– DM.)

Wenn Ihr Gehalt in den oben angeführten Grenzen liegt und Sie vermögenswirksame Leistungen von 78,– DM im Monat auf den Bausparvertrag einzahlen, können Sie jährlich 10 % dieser Einzahlungen, das sind 93,60 DM, vom Staat als Arbeitnehmer-Sparzulage erhalten.

Für diese Art Bausparverträge zur Ausnutzung staatlicher Vergünstigungen genügt eine Bausparsumme von 15 000,– DM und eine jährliche Einzahlung von 800,– DM (für die Wohnungsbauprämie) bzw. 936,– DM (für die Arbeitnehmer-Sparzulage).

Fazit:
Baufinanzierungen lassen sich also ohne Bausparvertrag flexibler und günstiger gestalten. Als Geldanlage sind Bausparverträge ebenfalls nicht geeignet. Welche Existenzberechtigung, so fragen Verbraucherschützer, hat also dieses Produkt?

Bundeswertpapiere

Bundeswertpapiere sind Finanzierungsschätze, Bundesschatzbriefe, Anleihen von Bund, Bahn und Post, Bundesobligationen. Sie werden von der Bundesrepublik Deutschland, von der Deutschen Bundesbahn und der Deutschen Bundespost herausgegeben.

Die einzelnen Bundeswertpapiere unterscheiden sich in Laufzeit, Verzinsung, Liquidität und Kursrisiko.

Bundesschatzbriefe

Bundesschatzbriefe haben wachsende Zinssätze; diese steigen über die Jahre nach einer festen Zinsstaffel für die gesamte Laufzeit. Je länger die Sparerin bis zum Ende der Laufzeit »durchhält«, um so höher ist die Rendite ihrer Anlage.

Bundesschatzbriefe werden in zwei Typen angeboten:

Typ A mit einer Laufzeit von 6 Jahren
– die Zinsen werden jährlich ausgezahlt.

Typ B mit einer Laufzeit von 7 Jahren
– die Zinsen werden angesammelt und mit Zinseszinsen zusammen mit dem Kapital bei Fälligkeit oder bei vorzeitiger Rückgabe ausgezahlt.

Ertrag:	Zins liegt meist etwas unter dem Marktzins für börsennotierte Festverzinsliche Wertpapiere.
Liquidität:	nach einem Jahr Sperrfrist können Bundesschatzbriefe jederzeit verkauft werden, allerdings nur bis zu 10 000,– DM pro Monat.
Risiko:	keines.
Steuern:	Die Zinsen bei Typ A müssen jährlich versteuert werden. Achtung: Bei Typ B werden alle während der Laufzeit angefallenen Zinsen auf einmal im Jahr der Fälligkeit versteuert.
geeignet für:	AnlegerInnen, die eine Basis-Anlage suchen, mit der sie relativ liquide sind und mit der sie kein Risiko eingehen.

Sehr gut geeignet auch für kleine Anlage-
beträge und für AnlegerInnen, die sich mit
ihren Zinserträgen noch innerhalb des Frei-
betrages bewegen.

Meine Meinung dazu:
Bundesschatzbriefe sind interessant in einer Zeit niedriger Zinsen. Sie können Ihr Geld anlegen, ohne befürchten zu müssen,
daß Sie Kursverluste erleiden, wenn die Zinsen wieder steigen.
Zudem können Sie in einer Zeit steigender Zinsen Ihre Bundesschatzbriefe in höher verzinste Papiere umtauschen.

Bundesschatzbriefe sind außerdem sehr gut geeignet, wenn
Sie in unregelmäßigen Abständen kleinere Summen anlegen
können.

Finanzierungsschätze
Das sind abgezinste Papiere, d. h. sie haben keinen laufenden
Zinsertrag. Die Zinsen werden vielmehr vom Nennwert
(1000,– DM) abgezogen. Sie zahlen also beim Kauf den um die
Zinsen verminderten Betrag und erhalten am Ende der Lauf-
zeit den vollen Nennwert von 1000,– DM oder ein Vielfaches
davon zurück. Finanzierungsschätze laufen ein und zwei Jahre.
Sie können während der Laufzeit nicht verkauft werden.

Ertrag: marktgerechter Zins.
Liquidität: während der Laufzeit nicht gegeben.
Steuern: Zinsen müssen versteuert werden.
Risiko: keines.
geeignet für: AnlegerInnen, die in absehbarer Zeit ihr
                     Geld für einen bestimmten Zweck brau-
                     chen oder die eine Zeit niedriger Zinsen
                     überbrücken wollen.

Meine Meinung dazu:
Finanzierungsschätze des Bundes sind eine überlegenswerte
Alternative zu Festgeld. Die Verzinsung liegt in der Regel
etwas über den Festgeldkonditionen.

Mit Finanzierungsschätzen liegen Sie richtig, wenn Sie auf
Zinssteigerungen hoffen und sich deshalb nicht zu lange festlegen wollen.

Bundesobligationen und Bundesanleihen sind an der Börse gehandelte Festverzinsliche Wertpapiere. Auf sie trifft deshalb alles zu, was in dem Kapitel über Festverzinsliche Wertpapiere gesagt wird.

Bundesschatzbriefe und Finanzierungsschätze können Sie bei allen Banken und Sparkassen spesenfrei erwerben. Neuemissionen von Bundesobligationen und Bundesanleihen sind ebenfalls spesenfrei.

Alle Bundeswertpapiere können sie *kostenlos* auf einem Schuldbuchkonto der Bundesschuldenverwaltung verwahren lassen. Sie müssen dies allerdings bei Ihrer Bank verlangen. Banken sind naturgemäß an einem kostenpflichtigen Depot im eigenen Hause interessiert.

Diamanten

In politisch und wirtschaftlich unsicheren Zeiten, bei steigenden Inflationsraten beginnt mit schöner Regelmäßigkeit die Flucht in die Sachwerte. Neben Immobilien und Gold kommen immer wieder auch Diamanten ins Gespräch. Geschichten werden erzählt, wo Diamanten – auf der Flucht ins Mantelfutter eingenäht und später gegen einen Sack Kartoffeln getauscht – das Leben retteten.

Nach Ansicht von Fachleuten sind am sichersten und wertbeständigsten Steine von ½ bis 2 Karat.

Fachwissen der Anlegerin ist unbedingt erforderlich, Echtheitszertifikat und Expertise eines Fachinstituts unerläßlich. Die Spannen zwischen Kauf- und Verkaufspreis betragen bis zu 50 %, das heißt, ein Verkauf mit Gewinn ist, wenn überhaupt, erst nach langer Zeit (15 bis 20 Jahren) möglich.

Ertrag:	keiner.
	Wertsteigerung fraglich.
Risiko:	Preisverfall möglich.
Liquidität:	eingeschränkt, Sie müssen erst einen Käufer finden.

Steuern:	keine, mögliche Wertsteigerungen sind steuerfrei.
geeignet für:	äußerst ängstliche AnlegerInnen, die mit Krieg und Vertreibung rechnen.

Meine Meinung dazu:
Der Fall eines Geldanlegers ist bekannt, der einen lupenreinen Diamanten erwarb und ihn nach 10 Jahren verkaufen wollte. Der Anleger erlebte eine große Enttäuschung: Durch verfeinerte mikroskopische Methoden waren im Stein Einschlüsse sichtbar, die seinen Verkauf als »lupenreinen« Diamanten unmöglich machten.

Diamanten sind also zur Vermögensanlage nicht geeignet, allenfalls zur Vorsorge für Katastrophenfälle.

Festgeld

auch Termingeld genannt, ist bei allen Banken ab 10000,–DM möglich. Sie können Ihr Geld 30 Tage, aber auch drei Monate, ein halbes Jahr oder ein Jahr festlegen. Der mit der Bank vereinbarte Zinssatz gilt dann für die gesamte Laufzeit. Nach Ablauf der vereinbarten Zeit können Sie über Ihr Geld verfügen. Sie können aber natürlich die Anlage auch verlängern.

Ertrag:	dem jeweiligen Marktzins entsprechend.
Risiko:	Zinsänderungs-Risiko, d. h. nach Ablauf der Festlegung können sich die Zinsen negativ verändert haben.
	Verlustrisiko bei DM-Festgeld keines; bei Festgeld in anderen Währungen u. U. Wechselkurs-Verluste.
Liquidität:	nach Ablauf der Festlegungszeit ist das Geld verfügbar.
Verwaltbarkeit:	kein Aufwand.
Steuern:	alle Zinsen müssen versteuert werden.
geeignet für:	AnlegerInnen, die wissen, daß sie das Geld in absehbarer Zeit für Anschaffungen

brauchen, oder z. B. bei Selbständigen und FreiberuflerInnen, die Rücklagen für Steuerzahlungen haben müssen. Geeignet auch, wenn größere Summen aus Erbschaften, Hausverkäufen etc. »geparkt« werden müssen, bis Anlageentscheidungen gefallen sind.

Meine Meinung dazu:

Vielen Frauen kommt Festgeld mit seiner schnellen Verfügbarkeit, seiner Überschaubarkeit und Risikolosigkeit sehr entgegen, haben sie doch, wie an anderer Stelle schon ausgeführt wurde, am liebsten ihr Geld griffbereit.

In den oben genannten Fällen sind Festgeldkonten sinnvoll und dazu rentabel, also empfehlenswert. Nicht geeignet sind sie als dauerhafte Geldanlage, da Sie über längere Zeiträume bei anderen Geldanlagen höhere Renditen erzielen.

Außerdem sind Sie mit Festgeldanlagen allen Zinsänderungen voll ausgesetzt. Haben Sie z. B. Ihr Festgeld auf ein Vierteljahr festgelegt und die Zinsen sind inzwischen gesunken, erhalten Sie nach Ablauf des Vierteljahres den dann gültigen Festgeldzins. Sie können die höheren Zinsen also nicht für einen längeren Zeitraum festschreiben. Viele AnlegerInnen haben dies in den letzten Monaten leidvoll erfahren müssen. Von Herbst 92 bis Sommer 93 sind die Zinsen um ca. 3 % gefallen!

Festverzinsliche Wertpapiere

Über die Ausgabe von Festverzinslichen Wertpapieren verschaffen sich der Staat, die Länder und Gemeinden – aber auch Banken – Geld, mit dem sie ihre vielfältigen Aufgaben erfüllen. Für das Geld, das sie sich auf diese Weise von AnlegerInnen leihen, zahlen sie einen Zins, der für die gesamte Laufzeit fest ist (daher der Name).

Die klassischen Festverzinslichen Wertpapiere (auch Rentenpapiere genannt) sind Pfandbriefe und Kommunalobligationen, Inhaberschuldverschreibungen, Obligationen und Anleihen – z. B. von Bund, Post und Bahn –, Bundesschatzanweisungen, aber auch Bundesschatzbriefe und Finanzierungsschätze. Weniger bekannt sind Optionsanleihen, Zerobonds und Genußscheine.

Industrieanleihen, über die sich Industrieunternehmen Geld leihen, spielen dagegen heute in Deutschland kaum noch eine Rolle.

Festverzinsliche Wertpapiere lauten auf einen bestimmten Betrag, den sogenannten »Nennwert«. Er kann 100,–, 1000,–, 5000,– DM oder ein Mehrfaches davon betragen.

Alle Papiere haben eine feste Laufzeit (Obligationen z. B. 5 Jahre, Anleihen 10 Jahre. Es gibt aber auch Papiere, die erst nach 20 bis 30 Jahren fällig werden). Sie können vor Ende der Laufzeit jederzeit verkauft werden.

Bei vorzeitigem Verkauf allerdings kann es ein Kursrisiko geben, wenn sich zwischen dem Kauf Ihrer Papiere und dem geplanten Verkauf das Zinsniveau verändert hat. Ein Beispiel: Sie haben 1987 eine 10 Jahre laufende Post-Anleihe gekauft für 100,– DM mit einem Zinssatz von 5,5 %.

1992 nun hatten Sie einen finanziellen Engpaß. Wegen der hohen Kreditzinsen möchten Sie kein Darlehen aufnehmen. Sie denken deshalb daran, Ihre Anleihe zu verkaufen. Inzwischen wurden aber neue Postanleihen ausgegeben, ebenfalls zum Kurs von 100 %, aber mit einem Zinssatz von 8,5 %.

Das heißt, niemand würde Ihre Anleihe zu 5,5 % für 100,– DM kaufen, wenn es für die gleichen 100,– DM eine Anleihe mit 8,5 % Zins gibt. Damit sich aber Käufer finden, wird der Preis für Ihre Anleihe reduziert. Das heißt, Ihre Anleihe konnte Mitte 1992 zum Preis von 87,50 DM verkauft werden.

Sie machen also in diesem Fall einen Verlust beim Verkauf. Die Käuferin Ihrer Anleihe allerdings hat ein Schnäppchen gemacht: Sie hat eine Anleihe erworben, für die sie 87,50 DM bezahlt hat, für die sie nach Ablauf der Laufzeit, also 1997, aber 100,– DM bekommt. Die Differenz zwischen dem Kaufpreis und den 100,– DM ist ein zusätzlicher und steuerfreier Gewinn.

Anders schaut die Situation aus, wenn Sie Ihre Postanleihe in einer Zeit hoher Zinsen kaufen und sie verkaufen, wenn das Zinsniveau gesunken ist. Beispiel:

Sie haben 1992 eine Postanleihe mit 10 Jahren Laufzeit für 100,– DM gekauft zum Zinssatz von 8,5 %. In den Folgejahren sinken die Zinsen deutlich.

1997 möchten Sie Ihre Anleihe verkaufen. Da inzwischen die Zinsen für neue Postanleihen bei 5,5 % angelangt sind, reißen sich alle um Ihre Anleihe, die noch 8,5 % bringt. Um hier einen Ausgleich zu schaffen, wird der Kaufpreis für Ihre Anleihe heraufgesetzt, d. h. Ihre Anleihe wird nicht für 100,– DM, sondern für 112,50 DM verkauft. Sie haben in diesem Fall einen steuerfreien Gewinn von 12,50 DM gemacht.

Die Darstellung ist vereinfacht, um Ihnen die Zusammenhänge deutlich zu machen. Wichtig ist:

Bei Festverzinslichen Wertpapieren ist der Zins nicht immer auch die Rendite. Die Rendite ist abhängig von

Zinssatz, Kaufkurs, Laufzeit und Gebühren.

Fast alle großen Tageszeitungen veröffentlichen täglich die aktuellen Renditen der gehandelten Rentenpapiere.

Der Platz, an dem täglich die Preise für Anleihen und andere Papiere festgelegt werden, ist an der Börse der Rentenmarkt, also der Markt für Festverzinsliche Wertpapiere.

Nicht an der Börse gehandelt werden Bundesschatzbriefe und Finanzierungsschätze des Bundes, die auf Seite 39/40 extra dargestellt werden.

Ertrag:	*laufende Zinserträge*, Ausschüttung 1 × jährlich;
	Kursgewinne, wenn Sie Wertpapiere mit hohem Zins besitzen und diese bei sinkendem Kapitalmarktzins vorzeitig verkaufen; oder wenn Sie Papiere unter ihrem Nennwert gekauft haben, aber am Ende der Laufzeit den vollen Nennwert erhalten.
Risiko:	bei deutschen Papieren keines, bei ausländischen Papieren ist die Bonität entschei-

dend. Außerdem: Kursverluste, wenn Sie Wertpapiere mit niedrigem Zins besitzen und diese bei steigendem Kapitalmarktzins vorzeitig verkaufen.

Liquidität:	täglich zu verkaufen.
Verwaltbarkeit:	kein Problem.
Steuern:	Die Zinseinnahmen müssen versteuert werden; Kursgewinne sind nach Einhaltung der Spekulationsfrist von 6 Monaten steuerfrei.
geeignet für:	AnlegerInnen, die von den laufenden Zinseinnahmen ganz oder teilweise leben müssen.

Meine Meinung dazu:

Festverzinsliche Wertpapiere sind eine der bekanntesten und beliebtesten Geldanlagen in Deutschland – zu Recht. Sie sind überschaubar: Jede Frau weiß, was sie wann und in welcher Höhe wiederbekommt.

Besonders geeignet sind sie, wie oben erwähnt, wenn AnlegerInnen von den Zinseinnahmen leben müssen, beispielsweise im Rentenalter.

Bei AnlegerInnen, die Kapital bilden möchten und müssen und die Zinsen nicht zum Lebensunterhalt brauchen, finde ich Investmentfonds mit Festverzinslichen Wertpapieren besser geeignet. Der Fall von Frau T. zeigt Ihnen, warum:

Frau T. ist 40 Jahre alt, Buchhändlerin und kann von ihrem Einkommen gut leben. Durch regelmäßiges Sparen hat sie sich ein Wertpapierdepot von 50000,– DM erworben.

Die Zinsen werden 1 × jährlich auf ihr Sparbuch eingezahlt. Sich jährlich über deren Neuanlage Gedanken machen zu müssen, empfindet sie als Plage. Und weil die Zinsen so praktisch herumliegen, werden sie im Laufe der Zeit verbraucht für Anschaffungen, Reisen etc.

Frau T. hat, wie sehr viele Frauen, nicht bedacht, daß sich ihr Kapital nicht vermehren kann, wenn sie die Zinsen nicht regelmäßig wieder anlegt. Ihr Kapital wird aber im Laufe der Jahre durch die laufende Geldentwertung immer weniger wert. Das heißt bei Frau T.: Sie hat zwar auch in 10 Jahren noch 50000,– DM. Diese 50000,– DM haben aber (eine 3%ige Inflationsrate vorausgesetzt) nur noch eine Kaufkraft von ca. 37000,– DM.

Um wenigstens die Substanz des Geldes zu erhalten, müssen Zins und Zinseszins das Kapital vermehren.

Sie sollten deshalb unbedingt entweder statt Festverzinslicher Wertpapiere Investmentfonds, sogenannte Rentenfonds, wählen, bei denen die Zinsen automatisch wieder angelegt werden. Oder statt dessen die Zinsen regelmäßig in einen Investmentfonds einzahlen.

Fonds

Investmentfonds – der Renner der 90er Jahre!
Investmentfonds – Geldvernichtung im großen Stil?

So oder ähnlich können Sie über Investmentfonds in deutschen Publikationen lesen. Undifferenzierter Jubel auf der einen Seite, und ebenso undifferenzierte Verteufelung auf der anderen. Eine typisch deutsche Diskussion?

In anderen Ländern jedenfalls gibt es derartige Diskussionen nicht, gehören Investmentfonds seit Jahrzehnten zu den klassischen Geldanlagen. Vor allem in Frankreich und England, in den USA, den Niederlanden und der Schweiz.

Der erste Investmentfonds wurde 1868 in England gegründet. Im Gründungsprospekt ist das Prinzip des Investmentsparens festgehalten: »Das Ziel der Gesellschaft ist es, den kleinen Sparern dieselben Vorteile zu verschaffen wie den Reichen, indem das Risiko durch Streuung der Kapitalanlage auf eine Anzahl verschiedener Aktien vermindert wird.«

Heute, 125 Jahre später, werden in Deutschland über 500 verschiedene Investmentfonds von deutschen Gesellschaften angeboten. Dazu kommen noch einmal soviel Fonds von ausländischen Anbietern.

Es gibt Aktien-, Renten- und Immobilienfonds, Geldmarkt-

und Laufzeitfonds, Regionen- und Länderfonds, Rohstoff- und Technologie-Fonds, Umbrellafonds, Future-Fonds. Die Palette reicht von risikoarm bis hochspekulativ.

Die Frage: »Sind Investmentfonds eine gute Geldanlage?« ist also nicht so ohne weiteres zu beantworten, zu unterschiedlich sind die Anlageziele der einzelnen Fonds und, natürlich, auch die Ergebnisse.

Schauen wir uns erst einmal das Prinzip an, nach dem Investmentfonds funktionieren:

Investmentfonds sind Töpfe mit Anlegergeldern, die von einer Kapitalanlagegesellschaft (Investmentgesellschaft) verwaltet werden. Das Geld wird entsprechend dem Fondszweck in Aktien, Festverzinslichen Wertpapieren oder Immobilien angelegt. Die Auswahl der Wertpapiere und Immobilien erfolgt nach dem Prinzip der Risikomischung.

Das Fondsvermögen muß bei einer Bank, der Depotbank, verwahrt werden.

Die Anlegerinnen erhalten über ihren Anteil am Fondsvermögen ein Zertifikat, das jederzeit an die Investmentgesellschaft zurückgegeben werden kann. Mit dem Kauf eines Investmentzertifikats erwerben AnlegerInnen einen bestimmten Anteil am Fondsvermögen und an den laufenden Erträgen. Der Wert eines Anteils (Rücknahmepreis) wird börsentäglich festgestellt, indem der Gesamtwert des Fonds durch die Zahl der ausgegebenen Investmentzertifikate geteilt wird.

Ein Unterschied besteht zwischen dem Rücknahmepreis, der den echten Wert eines Fondsanteils darstellt, und dem Ausgabepreis. Im Ausgabepreis sind die einmaligen Gebühren enthalten (Ausgabeaufschlag), die beim Kauf jedes Fondsanteils entstehen.

Folgende Fondsarten werden hauptsächlich angeboten:

Aktienfonds: Sie investieren in deutsche oder internationale Aktien.

Rentenfonds: Sie investieren in deutsche oder internationale Festverzinsliche Wertpapiere.

Gemischte Fonds: Sie investieren in Festverzinsliche Wertpapiere und in Aktien.

Geldmarktfonds: Sie investieren in kurzfristige Festverzinsliche Wertpapiere und Festgeld.

Länder- und
Regionenfonds: Sie investieren in bestimmte Länder oder Regionen wie z. B. Südostasien, Europa, Malaysia usw.

Branchenfonds: Sie investieren in bestimmte Branchen wie z. B. Umwelttechnologie, Banken und Versicherungen, Rohstoffwerte.

Umbrella-Fonds: Wie unter einem »Regenschirm« werden von einer Gesellschaft mehrere unterschiedliche Fonds angeboten, zwischen denen AnlegerInnen kostengünstig wechseln können.

Immobilienfonds: Sie investieren in gewerbliche Immobilien.

Alle diese Fonds werden angeboten entweder als *Ausschüttungsfonds*, dann erhalten Sie 1 × jährlich die Erträge ausbezahlt, oder als *thesaurierende Fonds*, dann werden die Erträge nicht ausgeschüttet, sondern wieder angelegt.

Ertrag, Risiko und steuerliche Gegebenheiten sind bei den einzelnen Fondskategorien sehr unterschiedlich. Deshalb verzichte ich hier auf das sonst in diesem Buch angewandte Schema. Neben einer ausführlichen Beschreibung der wichtigsten Fondsarten werde ich statt dessen die Vorteile und die Nachteile einer Geldanlage in Fonds gegenüberstellen.

Vorteile von Investmentfonds:

1. Die *Flexibilität*

Sie können in Fonds einmalig eine Summe einzahlen (in der Regel ab 10000,– DM möglich); Sie können unregelmäßige Einzahlungen leisten, und Sie können monatlich eine gleichbleibende Summe über einen Dauerauftrag ansparen.
Sie haben bei vielen Fonds auch die Möglichkeit, einen Auszahlplan abzuschließen, wenn Sie regelmäßig eine gleichbleibende Summe brauchen. Mit oder ohne Kapi-

talverzehr wird Ihnen dann monatlich oder auch vierteljährlich ein bestimmter Betrag aus Ihrem Guthaben überwiesen.

Fondsanteile können jederzeit zum Rücknahmepreis verkauft werden.

2. Die *rechtliche Sicherheit*

Deutsche Investmentgesellschaften sind in der Regel Töchter von Banken und Sparkassen. Investmentgesellschaften und ihre Fonds unterliegen einem eigens hierfür geschaffenen Gesetz und sehr strengen Anlage-, Publizitäts- und Kontrollvorschriften.

Das Geld ist in Sondervermögen untergebracht, das nicht veruntreut werden kann.

3. Die *Transparenz*

Die Ausgabe- und Rücknahmepreise werden börsentäglich festgestellt und in den großen Tageszeitungen veröffentlicht. Sie können also laufend feststellen, wie sich Ihr Fonds entwickelt.

Die Fondsergebnisse werden außerdem in regelmäßigen Abständen in großen Wirtschaftszeitschriften publiziert. Das fördert die Konkurrenz – und das ist vorteilhaft für Sie.

4. Die *Kompetenz*

Manager von Fonds sind erfahrene Spezialisten, die sich auf ein umfangreiches Instrumentarium und umfassende Informationen stützen können.

5. Die *Risikostreuung*

Wenn Sie selbst Aktien oder Festverzinsliche Wertpapiere kaufen, können Sie in der Regel nur eine kleine Auswahl von Wertpapieren erwerben. Die Gefahr, dabei auf das falsche Pferd zu setzen, ist groß. Ein Fonds kann dagegen das Kapital auf Wertpapiere mit verschiedenen Laufzeiten, verschiedener Länder, verschiedener Währungen usw. verteilen.

6. Die *Bequemlichkeit*

Sie müssen sich nicht selbst um die Auswahl von Wertpapieren, Laufzeiten, Fälligkeiten und um die Wiederanlage der Ausschüttung kümmern.

Nachteile von Investmentfonds

1. Die *Gebühren*
   Für alle Fonds wird beim Kauf einmalig der sogenannte Aus-
   gabeaufschlag verlangt. Rentenfonds kosten in der Regel
   3 %, Offene Immobilien- und Aktienfonds 5 %.
   Mit diesen Beträgen deckt die Investmentgesellschaft ihre
   Ausgabekosten.
   Als laufende Kosten fallen an die Depotbankvergütung und
   die Verwaltungsgebühr.

2. Der *Anlagezeitraum*
   Die meisten Fonds müssen Sie als mittel- bis längerfristige
   Geldanlage sehen. Die Anlage rentiert sich sonst nicht.
   Sie können die Fondsanteile zwar jederzeit verkaufen, doch
   kann es z. B. bei Aktienfonds Zeitpunkte geben, zu denen
   ein Verkauf Verluste bringen würde. Sie müssen also Zeit
   und Geduld haben.

3. *Unsicherheiten*
   Je nach Risikograd des Fonds müssen Sie mit mehr oder min-
   der starken Kursschwankungen rechnen.
   Sie haben nicht, wie bei Festverzinslichen Wertpapieren,
   eine über die Jahre gleichbleibende Ausschüttung. Diese
   kann nach oben oder nach unten variieren.
   Fonds, die in der Vergangenheit sehr gute Ergebnisse erzielt
   haben, müssen nicht zwangsläufig auch in Zukunft so gute
   Zahlen aufweisen. Das Fondsmanagement kann beispielsweise wechseln. Außerdem können auch Spezialisten irren.

Die wichtigsten Fondskategorien sind:

Aktienfonds

Es gibt Aktienfonds, die ausschließlich in deutsche Aktien investieren oder ausschließlich in europäische; Aktienfonds, die
weltweit anlegen oder in bestimmten Regionen, wie z. B. La-
teinamerika oder Südostasien.

Aktienfonds spielen in Deutschland noch keine große Rolle.
Viele AnlegerInnen scheuen sich vor den zum Teil sehr hefti-
gen Kursschwankungen. Alle einschlägigen Untersuchungen

beweisen aber: Über lange Zeiträume (10 Jahre und mehr) haben Aktien und Aktienfonds sehr gute Ergebnisse vorzuweisen.

Können Sie Ihr Geld also länger anlegen, sollten Sie sich nicht vor Aktienfonds scheuen. Am besten wären Sie in der Vergangenheit mit breit gestreuten, international anlegenden Fonds gefahren. Einer der bekanntesten deutschen Fonds mit internationalen Aktien brachte es über einen Zeitraum von 10 Jahren auf eine Wertentwicklung von 234 %. Das bedeutet eine Durchschnittsrendite von ca. 12 % jährlich.

Wie wichtig allerdings die Auswahl eines guten Fonds ist, zeigen Vergleichszahlen: Der schlechteste Fonds mit internationalen Aktien brachte es im gleichen Anlagezeitraum nur auf eine Durchschnittsrendite von 4,60 % im Jahr.

Auch Fondsmanager können nicht zaubern! Sinken weltweit die Aktienkurse, kann auch ein Fonds Sie nicht vor Kursverlusten schützen. Sehr deutlich haben das AnlegerInnen erlebt, die im Frühsommer 1990, kurz vor dem Golfkrieg, in Aktienfonds investiert haben. Kursverluste bis zu 30 % nach Ausbruch des Golfkriegs waren an der Tagesordnung. Echte Verluste allerdings haben Sie dann, wenn Sie Ihre Fondsanteile zu einem ungünstigen Zeitpunkt verkaufen. Sie sollten deshalb in Aktienfonds nur das Geld investieren, das zur langfristigen Vermögensplanung zur Verfügung steht.

Kursgewinne sind steuerfrei, nur die vergleichsweise geringen Dividenden müssen versteuert werden.

Rentenfonds

sind Investmentfonds, die in Festverzinsliche Wertpapiere (Rentenpapiere) investieren. Unterscheiden müssen Sie zwischen Fonds, die in deutsche Wertpapiere investieren, und Fonds, die international anlegen.

Fonds mit deutschen Wertpapieren sind die meistverkauften Investmentfonds in Deutschland. Leider! Da sie ausschließlich in deutsche Festverzinsliche Wertpapiere investieren, können deutsche Rentenfonds naturgemäß nicht mehr erzielen als diese Papiere selbst. Bei Fonds müssen Sie aber den Ausgabeaufschlag von in der Regel 3 % zahlen, der Ihr Ergebnis schmälert. Besser fahren Sie, wenn Sie hier selbst Pfandbriefe, Anleihen und Obligationen kaufen.

Fonds sind immer dann interessant, wenn sie in Märkte investieren, die Ihnen nicht zugänglich sind oder für die Ihnen die nötigen Kenntnisse und das nötige Kapital fehlen.

Sehr viel interessanter als Fonds mit deutschen Wertpapieren sind deshalb internationale Rentenfonds, also Fonds, die in Anleihen verschiedener Länder und in verschiedene Währungen investieren. Sie bieten Ihnen die Chance, von höheren Zinsen in anderen Ländern zu profitieren; in begrenztem Umfang auch von Kurs- und Währungsgewinnen.

Währungsrisiken können internationale Rentenfonds nicht ausschalten, wie viele AnlegerInnen bei den Turbulenzen im Europäischen Währungssystem im Herbst 1992 leidvoll erfahren mußten. Sie bieten aber mehr Sicherheit durch Risikostreuung als Direktanlagen in fremden Währungen.

Mit guten internationalen Rentenfonds konnten Sie in den vergangenen 10 Jahren durchschnittliche Renditen von ca. 8 % im Jahr erreichen.

Zinserträge müssen versteuert werden. Kurs- und Währungsgewinne (die allerdings bei Rentenfonds weit weniger ins Gewicht fallen) sind steuerfrei.

Gemischte Fonds

Neben den reinen Aktien- und Rentenfonds sind gemischte Fonds sehr interessant, die international in Aktien *und* in Festverzinsliche Wertpapiere investieren. Ein Fondsmanagement hat hier die größten Möglichkeiten, auf sich verändernde Marktsituationen zu reagieren. Wenn Ihnen die Anlage in einem reinen Aktienfonds zu riskant und der Anlagezeitraum dafür zu lang ist, ist Ihr Geld in einem gemischten Fonds gut aufgehoben.

Kursgewinne sind steuerfrei. Zinserträge und Dividenden müssen versteuert werden.

Neben den oben beschriebenen Wertpapierfonds gibt es noch

die sogenannten *Offenen Immobilienfonds*. Um die sehr wichtigen Unterschiede zwischen *Offenen* und *Geschlossenen Immobilienfonds* deutlich machen zu können, werden diese Fonds auf den Seiten 62–66 ausführlich beschrieben.

Meine Meinung zu Fonds:
Fonds sind eine nahezu ideale Anlageform, wenn Sie mittel- und längerfristig Geld zur Vermögensmehrung anlegen wollen und nicht dauernd damit befaßt sein möchten.

Bei kaum einer Geldanlageart allerdings ist gute Beratung so wichtig wie bei Investmentfonds. Den meisten AnlegerInnen fehlt die Möglichkeit, aus der Fülle der angebotenen Fonds den oder die für sie richtigen herausfinden zu können.

Bewährt hat sich in der Praxis, die Ergebnisse der letzten fünf Jahre für eine Bewertung heranzuziehen. In manchen Zeitschriften praktizierte Verfahren, nur die Entwicklung von ein oder zwei Jahren zu betrachten, halte ich nicht für sinnvoll. Bei dieser Praxis schlagen außergewöhnlich gute wie auch außergewöhnlich schlechte Jahre unverhältnismäßig auf das Ergebnis durch.

Mit Investmentfonds können Sie das Prinzip der Streuung sehr gut verwirklichen: Ein Aktienfonds z. B. streut das AnlegerInnen-Geld in Aktien von 60 bis 100 verschiedenen Aktiengesellschaften, er darf dabei maximal 10 % in eine Branche investieren. Wählen Sie einen internationalen Aktienfonds, kommt zu dieser Branchen- und Firmenstreuung noch die Streuung in Länder und Währungen.

Wenn Sie nun Ihr Geld aufteilen und in Aktien-, Renten- und Offene Immobilienfonds investieren, haben Sie eine nahezu optimale Risikomischung.

Investmentfonds können Sie über Banken oder bei unabhängigen Finanzdienstleistern kaufen. Wissen sollten Sie, daß Banken in der Regel nur die hauseigenen Fonds anbieten.

Auf einen wichtigen Gesichtspunkt will ich Sie zum Schluß aufmerksam machen:
Bis vor wenigen Jahren noch standen das Wissen und die Erfahrung renommierter, traditionsreicher Banken aus-

schließlich sehr reichen AnlegerInnen zur Verfügung. Über Investmentfonds aber können Sie heute auch mit sehr viel weniger Geld (in der Regel schon ab 10 000,– DM) an der gleichen Vermögensverwaltung partizipieren. Ich sehe in diesem Abbau eines Privilegs einen bedeutenden Beitrag zur Demokratisierung eines wichtigen Lebensbereichs.

Fondsgebundene Lebensversicherungen
(auch Fondspolice genannt)

Die Meinungen über diese Geldanlageform sind auch unter Fachleuten sehr geteilt: Gewinnträchtiger Sparvertrag mit Versicherungsschutz, sagen die einen; mit hohen Gebühren belasteter, riskanter Investmentsparvertrag, die anderen.

Die Wahrheit liegt wahrscheinlich in der Mitte. Eine Fondsgebundene Lebensversicherung ist in erster Linie eine Lebensversicherung, aber eine, bei der in Form von Investmentanteilen gespart wird.

In der Regel ist es möglich, den monatlichen Sparbeitrag auf zwei oder drei verschiedene Fonds aufzuteilen. Sie können also beispielsweise mit einem monatlichen Beitrag von 100,– DM in einen Aktienfonds und in einen Rentenfonds sparen.

Bei Fälligkeit der Versicherung bekommen Sie das Fondsguthaben zum dann aktuellen Kurswert ausgezahlt. Hier liegt eine Chance, aber auch ein Risiko dieser Anlageform: Wenn Sie beispielsweise Ihre Beiträge in einem Aktienfonds ansparen und zum Zeitpunkt der Auszahlung gibt es starke Kursverluste durch einen Börsenkrach oder eine politische und wirtschaftliche Krise, dann kann es sein, daß Sie nicht einmal das eingezahlte Geld in voller Höhe wiederbekommen. Bei einigen Versicherungsgesellschaften gibt es deshalb die Möglichkeit, in so einem Fall den Vertrag um fünf Jahre zu verlängern.

Andererseits haben Sie die Möglichkeit, über den doch langen Anlagezeitraum hinweg an den Chancen der Aktienmärkte teilzunehmen.

Wichtig ist außerdem, daß die *Fondsgebundene Lebensversicherung* auch als Direktversicherung abgeschlossen werden kann.

Ertrag:	abhängig vom Erfolg der beteiligten Fonds.
Liquidität:	eingeschränkt. Wie bei allen Lebensversicherungen führt eine vorzeitige Auflösung zu Verlusten.
Risiko:	abhängig von der Entwicklung der beteiligten Fonds.
Steuern:	wie bei allen Lebensversicherungen sind die Erträge steuerfrei, wenn mindestens fünf Jahresbeiträge entrichtet sind und eine Laufzeit von 12 Jahren eingehalten wurde. Die Beiträge zur Fondsgebundenen Lebensversicherung sind nicht als Sonderausgaben/Vorsorgeaufwendungen steuerlich absetzbar.
geeignet für:	AnlegerInnen, die nicht mehr als 100,– DM monatlich sparen können und mehr Chancen als mit einem herkömmlichen Banksparplan haben möchten.

Meine Meinung dazu:
Bei dieser Anlage werden zwei Geldanlageformen miteinander verbunden, die an sich nichts miteinander zu tun haben: Investmentsparen und Versicherungsschutz.

Regelmäßige Einzahlungen können Sie in jeden Investmentfonds leisten, einen Versicherungsschutz zum Sparplan brauchen die meisten AnlegerInnen dabei nicht. Der Versicherungsschutz verursacht aber hohe Kosten, die wiederum die Rendite mindern. Wenn Sie eine Absicherung für den Todesfall brauchen, können Sie einen ganz normalen Investmentsparplan mit einer preiswerten Risikoversicherung verbinden.

Die Steuerfreiheit der Erträge bei Fondsgebundenen Lebensversicherungen ist kein Argument für diese Anlageform. Verkauft werden Fondsgebundene Lebensversicherungen überwiegend mit Aktienfonds. Bei Aktienfonds aber sind Kursgewinne ohnehin steuerfrei, nur die vergleichsweise geringen Dividenden müssen versteuert werden. Die Steuerfreiheit ist also nur dann ein Argument, wenn AnlegerInnen nicht in Aktienfonds, sondern in Rentenfonds investieren. Und natürlich, wenn der Freibetrag für Zinserträge schon überschritten ist.

Fremdwährungsanleihen

Das sind Festverzinsliche Wertpapiere in ausländischen Währungen. Sehr beliebt waren in den vergangenen Jahren Anleihen in australischen, neuseeländischen oder kanadischen Dollars, in englischen Pfund oder in Dänenkronen, in italienischer Lira oder in spanischen Peseten. Diese Anleihen brachten deutlich mehr Zinsen als DM-Anleihen. So konnten Sie z. B. mit einer Austral-Dollar-Anleihe im Jahre 1990 14,50 % Zinsen pro Jahr erzielen.

Die höhere Rendite darf allerdings nicht darüber hinwegtäuschen, daß Sie mit teilweise erheblichen Kurs- und Währungsrisiken rechnen müssen.

Der australische Dollar beispielsweise notierte Anfang der 90er Jahre noch über 1,40 DM, sank dann auf knapp 1,– DM, um dann wieder auf 1,22 DM zu steigen. Bei solchen Achterbahnfahrten einer Devise können Währungsverluste an einem einzigen Tag gleich den Zinsvorsprung eines ganzen Jahres zunichte machen.

Ertrag:	meist höhere Zinsen als in Deutschland.
Risiko:	durch Währungsrisiko eine spekulative Geldanlage.
Liquidität:	jederzeit zum Tageskurs verkäuflich.
Verwaltbarkeit:	kompliziert. Sie müssen gut Bescheid wissen über die wirtschaftliche und politische Situation des Landes, in das Sie investiert haben. Außerdem sollten Sie sich über Wechselkurse informieren.
Steuern:	Zinsen müssen versteuert werden.

| geeigntet für: | risikobewußte AnlegerInnen, aber auch für AnlegerInnen, die von Zinserträgen leben müssen und dafür das Kurs- und Währungsrisiko in Kauf nehmen. |

Meine Meinung dazu:
Für sicherheitsbewußte AnlegerInnen sind Fremdwährungsanleihen nicht zu empfehlen. Sie bergen Währungs- und Kursrisiken und kosten zudem hohe Gebühren.

Empfehlenswert dagegen sind Investmentfonds mit internationalen Festverzinslichen Wertpapieren. Mit derartigen Fonds, die es (allerdings in unterschiedlicher Qualität) von den Fondsgesellschaften aller großen Banken gibt, können Sie an den attraktiven Zinserträgen partizipieren, das Risiko durchaus aber begrenzen.

Gute Fonds erbrachten in den letzten 10 Jahren durchschnittlich ca. 8 % Rendite.

Gold

> »Am Golde hängt, zum Golde drängt doch alles…«
> Margarete in Goethes »Faust«

Seit Jahrtausenden symbolisiert Gold Reichtum und Macht. Bis heute hat es für viele Leute nichts von seiner Faszination verloren. Das Gold unserer Tage wird gehandelt in physischem Gold als Goldbarren, Goldmünzen oder Schmuck, oder zu Spekulationszwecken in Aktien von Goldminengesellschaften.

Einige Banken bieten Goldsparpläne an, bei denen Sie durch regelmäßige Einzahlungen Anspruch auf eine bestimmte, ständig wachsende Menge an Gold erwerben können.

Goldbarren gibt es von 5 bis 1000 g bei jeder Bank zu kaufen. Gängige **Goldmünzen** sind *Krügerrand*, *Maple Leaf*, *American Eagle*, der *australische Nugget* und die *Britannia*.

Goldschmuck ist als Geldanlage ungeeignet. Freuen Sie sich über Ihr schönes Stück, erwarten Sie davon aber keine großen Wertsteigerungen.

Goldminen-Aktien wiederum sind eine spekulative Geldanlage. Sie sind starken Kursschwankungen unterworfen. Die bekanntesten Goldminen-Aktien haben Kanada, Australien, Südafrika und die USA.

Ertrag:	keiner, evtl. Wertsteigerung durch Verkauf realisierbar.
Risiko:	Preiseinbrüche möglich.
Liquidität:	jederzeit verkäuflich.
Verwaltbarkeit:	bequem.
Steuern:	Wertsteigerungen sind steuerfrei, wenn die Goldanlage länger als sechs Monate in Ihrem Besitz war.
geeignet für:	sehr ängstliche AnlegerInnen, aber auch dann nur als kleine Beimischung.

Meine Meinung dazu:

Politische und wirtschaftliche Krisenzeiten verunsichern besonders ältere AnlegerInnen. Erinnerungen an die Währungsreform 1948 werden dann wach und daran, wie wenig diese Währungsreform vom Geldvermögen übrigließ. Viele fragen sich dann, ob es denn nicht sinnvoll sei, Geldanlagen aufzulösen und statt dessen in Gold zu investieren.

Sicherlich machen Sie nichts verkehrt, wenn Sie einen kleinen Teil Ihres Geldes in Gold investieren, besonders wenn es Sie beruhigt. Doch bedenken Sie:

Von 1980 bis 1990 hat sich der Goldpreis gegenüber der DM halbiert. Es ist also nicht so, daß Gold ohne jede Einschränkung wertbeständig ist!

Außerdem bringt Gold keine Zinsen! Wenn Sie von der Zinssituation Anfang 1994 ausgehen, heißt das, Sie verlieren Jahr für Jahr mindestens 6 % Zins. In fünf Jahren sind das, Zinseszins eingerechnet, ca. 34 %. Um diese ca. 34 % müßte der Goldpreis in den fünf Jahren steigen, um Ihnen die gleiche Rendite wie Festverzinsliche Wertpapiere zu bieten. Ausgeschlossen ist dies zwar nicht, doch halte ich solche dauerhaften Preissteigerungen angesichts der weltweiten Überproduktion und des Überangebotes für nicht sehr wahrscheinlich.

Dazu kommt, daß Erwerb von »körperlichem« Gold, also

von Goldbarren und Münzen mit hohen Kosten belastet ist. Zwischen Ankauf- und Verkaufskurs liegt immerhin eine Differenz von ca. 5 %. Und schließlich müssen Sie Ihr Gold ja auch noch sicher aufbewahren, d. h. also einen Banksafe mieten! Auch das ist mit Kosten verbunden.

Sie können allerdings Gold als spekulative Geldanlage betrachten und die Preisschwankungen zu Kauf und Verkauf nutzen. Oder Goldminen-Aktien kaufen. Dann aber müssen Sie sich intensiv damit beschäftigen.

Immobilien

Immobilien sind *die* klassische Sachwertanlage. Sie gelten als inflations- und krisensicher und sollten deshalb Bestandteil jedes größeren Vermögens sein.

Die selbstgenutzte Wohnung, das eigene Haus sind ein wichtiges Ziel der privaten Vermögensplanung und eine sinnvolle Form der Altersvorsorge. Mit einer vermieteten Immobilie schaffen Sie sich bei richtiger Gestaltung im Alter eine dauerhafte und dynamische Zusatzrente.

In diesem Buch geht es um Geldanlagen, deshalb steht hier die vermietete Immobilie als Kapitalanlage im Vordergrund.

Ertrag:	laufende Mieteinnahmen, in der Regel ca. 3–4 %; Wertsteigerung erst über längere Zeiträume und nur bei Verkauf; Steuerersparnisse je nach persönlichem Steuersatz
Risiko:	nur bei Schrottimmobilien, sonst gering, allerdings Preisverfall möglich durch Gesetzesänderungen (Wegfall von Steuererleichterungen etc.) oder bei unsachgemäß verwalteten Immobilien etc. Gefahr, unter Zeitdruck verkaufen zu müssen, bringt u. U. Preiszugeständnisse und Werteinbußen.
Liquidität:	eingeschränkt, Verkauf kann Monate dauern.

Verwaltbarkeit:	keine pflegeleichte Geldanlage. Mieter sind Menschen und damit auch fehlbar!
Steuern:	hohe Steuervorteile bei Neubauwohnungen in West- und vor allem in Ostdeutschland.
geeignet für:	AnlegerInnen mit dauerhaft hohem Einkommen und hohem Steuersatz. Ein ausreichendes finanzielles Polster und liquide Mittel sollten unbedingt vorhanden sein.

Meine Meinung dazu:

Bei keiner Geldanlage gibt es so viele Milchmädchenrechnungen und Illusionen wie bei Immobilien. Die allgemein positive Bewertung dieser Anlageform, die Aussicht, Steuern sparen zu können, und die gewiefte »Reichrechnerei« der Immobilienverkäufer machen viele AnlegerInnen glauben, daß jede Immobilie bei jedem Einkommen, in jeder Lebenssituation eine gute Geldanlage sei. Das fehlende Eigenkapital »zahlt das Finanzamt«, wird suggeriert und: »Miete und Steuervorteile tragen locker die Kosten, und nach fünf Jahren wird die Immobilie mit enormen Gewinnen verkauft!«

Lassen Sie sich von solcher Schönfärberei nicht blenden. Auch bei Immobilien wird Ihnen nichts geschenkt. Halten Sie sich vor Augen, daß Sie sich mit so einer Investition hoch verschulden. Kaufen Sie eine Immobilie nur dann,

1. wenn Sie über ein hohes und einiger Wahrscheinlichkeit nach sicheres Einkommen verfügen;
2. wenn Sie schon andere Geldanlagen haben, also ein ausreichendes finanzielles Polster besitzen;
3. wenn die Rechnung auch ohne Steuervorteile aufgeht, Sie sich also das Objekt auch ohne steuerliche Entlastung leisten können. Verwenden Sie die Steuerersparnis ausschließlich zur Tilgung Ihrer Hypothek;
4. wenn Sie auch nach Wegfall der Steuervorteile das Objekt halten können und wollen. Spekulationen, eine Immobilie dann gewinnbringend verkaufen zu können, wenn die Steuervorteile wegfallen, gehen in der Regel nicht auf;

5. wenn Sie sich darüber im klaren sind, daß es sich bei Immobilien um eine sehr langfristige Geldanlage handelt (10 bis 15 Jahre). Die nach kurzer Anlagezeit mit Immobilien erzielbaren Gewinne können Sie auch bei anderen guten Geldanlagen erreichen. Erst nach einer Anlagedauer ab 10 Jahren brachten Immobilien bisher hohe Veräußerungsgewinne.

Und wenn Sie sich für eine Immobilie entschieden haben, vergessen Sie nicht, die zusätzlichen Kosten beim Kauf einzukalkulieren: Der Notar verlangt etwa 1,5% vom Kaufpreis; das Finanzamt kassiert 2% des Kaufpreises als Grunderwerbsteuer; für die Grundbucheintragung müssen Sie mindestens 1000,–DM rechnen. Und nicht zuletzt der Makler: Er bekommt 3,45% als Courtage. Bei einem Kaufpreis von 300000,–DM z. B. müssen Sie mit ca. 20000,–DM zusätzlichen Kosten rechnen.

Immobilienfonds

Die direkte Immobilienanlage übersteigt in vielen Fällen die finanziellen Möglichkeiten einer Anlegerin. Der lukrative Bereich der Gewerbeimmobilien bleibt privaten Anlegern weitgehend verschlossen.

Eine interessante Form der Anlage in Immobilien sind
Offene und Geschlossene Immobilienfonds.

Zwischen Offenen und Geschlossenen Fonds gibt es erhebliche Unterschiede:

Offene Immobilienfonds

sind Investmentfonds, bei denen Ihr Geld nicht in Wertpapieren, sondern in gewerblichen Immobilien angelegt wird. Offen werden sie genannt, weil die Zahl der Anleger nicht beschränkt ist. Es werden ständig Fondszertifikate ausgegeben und zurückgenommen, neue Immobilien erworben und alte verkauft. Offene Fonds haben in ihrem Bestand in der Regel mindestens zehn, manchmal sogar bis zu 100 verschiedene Immobilien aus unterschiedlichen Lagen und Branchen.

Die Fondsgesellschaften erwirtschaften Erträge durch steuerpflichtige Mieteinnahmen und durch steuerfreie Gewinne beim Verkauf von Immobilien.

Offene Immobilienfonds unterliegen, wie andere Investmentfonds auch, den strengen gesetzlichen Bestimmungen für Kapitalanlagegesellschaften. Sie werden kontrolliert durch das Bundesaufsichtsamt für das Kreditwesen.

Mindestens 5 % seiner Mittel muß ein Offener Fonds als Barreserve halten. Damit ist sichergestellt, daß Sie Ihr Geld wiederbekommen, wenn Sie aussteigen möchten. Höchstens 20 % der Mittel dürfen in ausländische Immobilien investiert werden. *Aber:* Nach dem neuen Investmentgesetz von 1990 sind alle Staaten der Europäischen Union als »Inland« definiert. Das kann bedeutsam sein, denn das größte Problem der Immobilienfonds war in den vergangenen Jahren, preisgünstige inländische Immobilien zu finden. Durch die Preiseinbrüche bei Gewerbeimmobilien in England und Frankreich beispielsweise bieten sich für die Fonds gute Einstiegschancen.

Ein enormer Vorteil gegenüber der Direktanlage in Immobilien ist hier die tägliche Verkäuflichkeit, die Beteiligungsmöglichkeit schon mit kleinen Beträgen, die professionelle Auswahl und Verwaltung der Objekte.

Ertrag:	im Durchschnitt der letzten 10 Jahre 6 bis 7 % im Jahr, die zu einem großen Teil steuerfrei sind.
Risiko:	gering, da die Objekte nahezu vollständig mit Eigenkapital finanziert sind; bei einem deutlichen und anhaltenden Preisverfall bei Gewerbeimmobilien könnte der Anteilswert sinken und bei Verkauf einen Verlust bringen.
Liquidität:	Fondsanteile sind täglich veräußerbar. Wenn Sie die Anteile nach Ablauf der Spekulationsfrist von sechs Monaten verkaufen, ist der Wertzuwachs steuerfrei.

Verwaltbarkeit:	wie bei allen Investmentanteilen haben Sie mit der Verwaltung, mit Kauf und Verkauf der Immobilien nichts zu tun.
Steuern:	Die Ausschüttungen der Offenen Fonds sind zu einem Teil steuerfrei; die Wertsteigerung der Anteile führt zu einem steuerfreien Gewinn (wenn Sie die Spekulationsfrist von sechs Monaten eingehalten haben).
geeignet für:	AnlegerInnen, die einen Teil ihres Geldes in Immobilien anlegen möchten und denen eine direkte Immobilienbeteiligung zu teuer und zu zeitaufwendig ist.

Meine Meinung dazu:

Offene Immobilienfonds sind eine nahezu ideale Geldanlage für AnlegerInnen, die eine inflationssichere, wertbeständige und langfristige Geldanlage suchen und sich vor dem Risiko und dem Zeitaufwand bei einer Direktinvestition scheuen.

Da die Anteilscheine jederzeit zurückgegeben werden können, vereinigen sie die Vorteile der Immobilienanlage mit denen eines Wertpapiers.

Offene Immobilienfonds sollten Bestandteil einer ausgewogenen Vermögensstreuung sein.

Ein Nachteil sind sicherlich die hohen Gebühren (5 % einmalig beim Kauf). Aber Immobilien erfordern einen höheren Aufwand bei der Vermietung, Verwaltung und Instandhaltung als z. B. ein Depot mit Festverzinslichen Wertpapieren.

Geschlossene Immobilienfonds

Anders als bei Offenen Immobilienfonds beteiligen Sie sich hier in der Regel nur an *einer* gewerblichen Großimmobilie, wie Büro- und Verwaltungsgebäude, Einkaufszentrum, Warenhaus, Fach- und Verbrauchermarkt, Hotel oder Seniorenzentrum. Investitionssummen für Gewerbeimmobilien liegen meist zwischen 20 und 100 Millionen DM. Da ein einzelner privater Anleger kaum in der Lage ist, solche Summen aufzubringen, werden an Einzelanleger Anteile, in der Regel ab

20000,– DM (+ 5 % einmalige Gebühren), verkauft. Ist das zur Finanzierung der Immobilie nötige Kapital auf diese Weise erbracht, wird der Fonds geschlossen, d. h., es können keine Anteile mehr erworben werden. Jeder Anleger ist Mitgesellschafter. Geschlossene Immobilienfonds gibt es in der Rechtsform der KG (Kommanditgesellschaft: Anleger haften nur für das eingesetzte Kapital) oder der GbR (Gesellschaft des bürgerlichen Rechts: Anleger haften unbeschränkt).

Geschlossene Immobilienfonds werden nicht wie die Offenen Fonds vom Bundesaufsichtsamt für das Kreditwesen überwacht, deshalb ist hier die Auswahl des Anbieters besonders wichtig.

Die Gefahr von Fehlinvestitionen ist besonders bei solchen Immobilienfonds groß, die in den neuen Bundesländern investieren. 100 Fachmarktzentren vor den Toren ostdeutscher Mittelstädte sind geplant. Risiken bei Ost-Objekten liegen in der noch fehlenden Landes- und Raumplanung. Flächennutzungspläne wie in den alten Bundesländern sind erst im Entstehen; eine Abstimmung zwischen den Gemeinden fehlt meist noch. Das heißt, jede Gemeinde plant für sich. Das könnte bedeuten, daß evtl. zu viele Supermärkte entstehen, denen das entsprechende Einzugsgebiet fehlt.

Bei Geschlossenen Immobilienfonds handelt es sich um unternehmerische Beteiligungen mit entsprechendem Risiko. Fehlentscheidungen der Fondsgesellschaften können nur schwer und mit großem Kostenaufwand korrigiert werden.

Ertrag: hohe steuerliche Vorteile in den ersten Jahren; dann viele Jahre steuerfreie Ausschüttungen. Die Wertsteigerung bei Verkauf der Immobilie ist steuerfrei, wenn seit dem Kauf mindestens zwei Jahre vergangen sind.

Risiko: durch Beschränkung auf wenige Objekte keine Risikostreuung; Seriosität und Fähigkeiten der Fondsgesellschaft schwer zu überprüfen; unternehmerisches Risiko, Haftung und evtl. Nachschußpflicht.

Liquidität:	sehr eingeschränkt, die Fondsanteile sind nicht ohne weiteres veräußerbar. Einige Fondsanbieter sind beim Verkauf behilflich.
Verwaltbarkeit:	pflegeleichte Immobilienbeteiligung.
Steuern:	anfangs hohe Steuervorteile.
geeignet für:	z. B. FreiberuflerInnen mit Einkommensspitzen in einzelnen Jahren; ältere AnlegerInnen, die Wert auf steuerfreie Ausschüttungen legen.

Meine Meinung dazu:
Geschlossene Immobilienfonds können eine sehr interessante, unter anderem wegen der hohen Steuervorteile auch lukrative Geldanlage sein. Geschlossene Immobilienfonds sind aber auch ein kompliziertes Kapitalmarktprodukt – für Laien schwer zu durchschauen. Die wenigsten AnlegerInnen haben Kriterien an der Hand, mit denen sich die Seriosität eines Angebots beurteilen läßt. Außerordentlich wichtig ist die Bonität und Erfahrung des Anbieters. Sie sollten sich nur dann an einem Fonds beteiligen, wenn es sich um einen erstklassigen Anbieter mit positiver Leistungsbilanz handelt. Und Sie sollten sich nicht von den Steuervorteilen blenden lassen. Professionelle, seriöse Beratung ist bei solchen Kapitalmarkt-Angeboten besonders wichtig.

Lebensversicherungen

Unter dem Begriff »Lebensversicherung« werden recht unterschiedliche Produkte zusammengefaßt. Allgemein bekannt ist, daß mit Lebensversicherungen Risiken abgedeckt werden können und für das Alter vorgesorgt werden kann. Daß Lebensversicherungen auch als Geldanlage interessant sein können, wissen viele nicht.

Der Fiskus läßt alle Zinserträge aus Lebensversicherungen steuerfrei, wenn mindestens fünf Jahresbeiträge entrichtet sind und eine Mindestlaufzeit von 12 Jahren eingehalten wird. Durch die Steuerfreiheit der Erträge erhöht sich die Rendite für alle, die den Freibetrag für Kapitalerträge schon ausgeschöpft haben.

Wenn Sie Freiberuflerin sind und die monatlichen oder jährlichen Beiträge als Vorsorgeaufwand steuerlich absetzen können, haben Sie einen doppelten Steuerspareffekt: Durch die Vorsorgeaufwendungen reduzieren Sie Ihr steuerpflichtiges Einkommen; nach Ablauf der Versicherung erhalten Sie den Auszahlungsbetrag steuerfrei!

Nicht zur Geldanlage geeignet, wegen ihrer Bedeutung aber unbedingt erwähnenswert, ist

die **Risiko-Lebensversicherung**.

Sie dient der Absicherung im Todesfall, d. h., die Versicherungssumme wird ausschließlich im Todesfall an die Hinterbliebenen ausbezahlt. Die Laufzeit kann beliebig bestimmt werden. Weil die Risikolebensversicherung keinen Sparanteil enthält, ist die Prämie recht niedrig. Risiko-Lebensversicherungen sollten immer dann abgeschlossen werden, wenn durch einen Todesfall finanzielle Schwierigkeiten entstehen können. Sie eignen sich also besonders zur Absicherung kleiner Kinder und großer Schulden!

Als *Geldanlage interessant* sind:

die **Kapital-Lebensversicherung**,

auch Lebensversicherung auf den Todes- und Erlebensfall genannt, eine der bekanntesten und weitverbreitetsten Anlageformen. Sie enthält neben der Risiko-Lebensversicherung einen Sparanteil, der von der Versicherungsgesellschaft gewinnbringend angelegt wird. Kapital-Lebensversicherungen können vielseitig eingesetzt werden: zur Kapitalanlage, zur Altersversorgung, zur Todesfall-Absicherung, zur Kredittilgung bei vermieteten Immobilien usw. Nach Ablauf von 12 Jahren (Mindestlaufzeit) sind die Erträge steuerfrei (siehe oben).

Die **private Rentenversicherung**

ist eine Lebensversicherung, bei der das Todesfallrisiko entfällt. Wenn Sie über 40 Jahre alt sind, ausschließlich für Ihr Alter vorsorgen möchten und keine Hinterbliebenen absichern müssen oder wollen, erzielen Sie mit einer privaten Rentenversicherung höhere Erträge. Sie haben wie bei der Kapitallebensversicherung die Möglichkeit, sich nach Ablauf der Versicherung das Kapital in einer Summe – steuerfrei – auszahlen zu lassen. Sie können sich statt dessen aber auch für eine monatliche Rente entscheiden, die dann lebenslang gezahlt wird und die ebenfalls steuerbegünstigt ist. Die Entscheidung müssen Sie erst kurz vor Ablauf der Versicherung treffen.

Sowohl mit Kapital-Lebensversicherungen als auch mit privaten Rentenversicherungen möglich sind die folgenden Varianten:

Direktversicherung
Eine interessante Möglichkeit, die viele ArbeitnehmerInnen nutzen können, ist eine Direktversicherung durch Gehaltsumwandlung. Hierbei schließt der Arbeitgeber für die Arbeitnehmerin eine Lebensversicherung ab und zahlt die Prämie dafür (der zulässige Höchstbetrag ist 3000,– DM pro Jahr) direkt an die Versicherungsgesellschaft. Die Versicherungsprämie wird vom Bruttogehalt abgezogen und pauschal mit (derzeit) 15 % versteuert. Die Arbeitnehmerin versteuert nur noch den Rest ihres Bruttogehalts, spart damit Einkommensteuer und finanziert über diese Steuerersparnis bis zur Hälfte des Versicherungsbeitrags. Der Arbeitgeber ist allerdings dazu nicht verpflichtet.

Prämiendepot
Wenn Sie einmalig einen größeren Betrag anlegen möchten, können Sie diesen in ein sogenanntes Beitrags- oder Prämiendepot einzahlen. Das ist ein Festgeldkonto bei einer Bank oder Versicherungsgesellschaft, aus dem fünf Jahre lang die Jahresbeiträge für die Versicherung entnommen werden. Im fünften Jahr ist Ihr Geld ganz in den Versicherungsvertrag übergegangen, das Festgeldkonto kann aufgelöst werden. Die Zinsen auf dem Festgeldkonto sind steuerpflichtig. Der Anteil der steuerpflichtigen Zinsen ist aber gering, da der Betrag auf dem Festgeldkonto von Jahr zu Jahr weniger wird. Im fünften Jahr ist, wie gesagt, der Betrag aufgebraucht.

Für alle Lebensversicherungsarten gilt:

Ertrag:	bei guten Versicherungsgesellschaften zwischen 6 und 7%, die steuerfrei sind. Eine andere, voll steuerpflichtige Geldanlage müßte zwischen 10 und 14% erbringen, wenn Sie den gleichen Ertrag erreichen wollen.
Risiko:	bei deutschen Versicherungsgesellschaften gering; die berechneten Ergebnisse sind allerdings nur zum Teil garantiert.
Liquidität:	nicht gegeben. Auflösung vor Ablauf ist zwar de facto möglich, aber immer mit Verlust verbunden.
Steuer:	alle Erträge bleiben steuerfrei, wenn die Mindestanforderungen (siehe oben) erfüllt sind.
geeignet für:	AnlegerInnen, die den Freibetrag für Kapitalerträge schon ausgeschöpft haben; für FreiberuflerInnen und Selbständige, die noch Vorsorgeaufwendungen geltend machen können.

Meine Meinung dazu:

Bei aller sicherlich berechtigten Kritik an der mangelnden Transparenz und der Geschäftspolitik von Versicherungsgesellschaften führt an guten Produkten dieser Branche kein Weg vorbei, wenn Ihr Ziel die langfristige Vermögensbildung und Altersvorsorge ist. Die Steuerfreiheit der Erträge und die hohe Sicherheit bei alteingesessenen großen Versicherungsgesellschaften bieten einen großen Vorteil gegenüber anderen Sparformen. Lebens- und Rentenversicherungen sollten deshalb die Basis jeder Vermögensplanung bilden. Allerdings kommt es, wie bei fast allen Geldanlagen, auch hier auf die richtige Gestaltung an.

Kapital-Lebensversicherungen, nach dem 45. Lebensjahr abgeschlossen, vermindern Ihren Ertrag, da mit zunehmendem Lebensalter der Risikobeitrag steigt und somit weniger Sparanteil zur Verfügung steht. Ab 45 ist eine private Rentenversicherung wesentlich lukrativer. Leider erlebe ich immer wieder, daß Frauen (aber auch Männern) über 50, teilweise sogar mit 55 Jahren und älter, Kapital-Lebensversicherungen empfohlen werden. Hier steht in keinem Fall das Interesse der AnlegerIn im Vordergrund, sondern ausschließlich das Provisionsdenken des Versicherungsvertreters.

Folgendes sollten Sie beim Abschluß einer Kapital-Lebens- oder Rentenversicherung beachten:

1. Schließen Sie keine Kapital-Lebensversicherung ab, wenn Sie über 45 Jahre alt sind (siehe oben).
2. Vereinbaren Sie im Versicherungsvertrag keine Dynamik, also laufende Erhöhung Ihrer Versicherungsbeiträge. Auch hier verdient nur der Versicherungsvertreter.
3. Lassen Sie sich von unabhängigen VersicherungsmaklerInnen beraten.

Und bedenken Sie: Das Geld für die gesetzliche Rente muß erst erwirtschaftet werden. Dieses Problem gibt es bei Kapital-Lebens- und Rentenversicherungen nicht. Hier ist das Geld schon vorhanden, durch die Einzahlungen der AnlegerInnen.

Ökologisch-ethische Geldanlagen

Viele Frauen möchten, daß ihr Geld entsprechend ihren Wertvorstellungen arbeitet, sie möchten ihr Geld dem »schmutzigen« Geldkreislauf entziehen.

In den USA haben Ethik-Fonds eine lange Tradition. Diese Fonds investieren das Geld ihrer Kunden nach ethischen Kriterien und bevorzugen z. B. Aktien von Unternehmen, die keine Rüstungsteile herstellen, umweltfreundlich wirtschaften oder besonders gute Arbeitsbedingungen anbieten.

In Deutschland hat das Bundesaufsichtsamt für das Kreditwesen mit dem Begriff »Ethik« Probleme. Ihn genau zu definieren, findet das Amt schwierig. Wenn »ethische Fonds« zugelassen werden, müßten alle anderen Fonds unethisch sein, wird argumentiert.

Die wichtigsten Möglichkeiten, ökologisch-ethisch zu investieren, sind derzeit:

GLS-Bank

Seit 20 Jahren existiert die von Anthroposophen gegründete GLS-Bank (GLS = Geben, Leihen, Schenken). Die Bank finanziert Waldorfschulen, Bio-Bauernhöfe oder alternative Energie. Die Zinsen für die Einlagen sind deutlich geringer als bei anderen Geldanlagen.

ÖKO-Bank

Die Frankfurter Öko-Bank gibt es seit 1988. Das Geld der AnlegerInnen geht in Betriebe, die neue Formen der Zusammenarbeit und der gesellschaftlichen Verantwortung erproben. Kein Geld soll in Rüstungsbetriebe oder in die Atomenergie gehen.

Über Projektsparbriefe können Sie einzelne Unternehmen finanzieren; mit Fonds Sparbriefen fördern Sie z. B. die Bereiche Umwelt, Frauen, Kultur usw.

Auch hier müssen Sie auf eine marktgerechte Verzinsung Ihres Geldes verzichten. Die Zinsen liegen in der Regel unter dem Marktzins.

Umwelttechnologie-Fonds

Einige Investmentgesellschaften haben Aktienfonds auf den Markt gebracht, die in Umwelttechnologie investieren. Sie kaufen Aktien von Unternehmen der Müllbeseitigung und -verbrennung, der Abwasser-Reinigung, Luftreinhaltung usw.; einige Fonds investieren außerdem in sogenannte »sanfte Energiequellen«.

Umwelttechnologie-Fonds bieten zweifellos beim großen Nachholbedarf beispielsweise in den ehemaligen Ostblockländern enorme Wachstumschancen, also auch gute Gewinnmöglichkeiten. Umwelttechnologie dient aber hauptsächlich dazu, Umweltschäden zu reparieren und nicht, sie zu verhindern. Wer seinen Abfall problemlos loswerden kann, muß nicht mehr darüber nachdenken, wie die Menge des Abfalls reduziert werden könnte. Und alternative Energiequellen vernebeln wiederum den Blick auf die Tatsache, daß vor allen Dingen Energieeinsparung umweltschonend ist.

ÖKO-Fonds

Einen anderen Ansatz verfolgen neue ÖKO-Fonds renommierter Banken: Ökologisch-ethischem Anspruch wird nur gerecht, wer so wirtschaftet, daß Umweltschäden gar nicht erst entstehen. Das ist mittlerweile unumstritten. Diese Fonds investieren also vorrangig in Unternehmen, die umweltgerechtes Management zu einem wesentlichen Bestandteil ihrer Strategie machen. Umweltgerecht wirtschaftet, wer

- Energie einspart
- Müll vermeidet
- Wasser gar nicht erst verunreinigt
- Luft nicht verschmutzt
- Lärm gar nicht erst entstehen läßt usw.

Diese Fonds setzen also auf Prävention. Neben diesem ökologisch-ethischen Anspruch haben die Fonds das Ziel, eine attraktive Rendite zu erwirtschaften. Öko-Fonds dieser Art kommen deshalb sicherlich dem Bedürfnis vieler AnlegerInnen nach »sauberen« und rentablen Geldanlagen entgegen.

Umwelt-Infrastruktur-Fonds

Finanznot zwingt Kommunen in den neuen Bundesländern, Infrastruktur-Maßnahmen, wie z. B. die Abwasserentsorgung, mit privatem Kapital zu finanzieren. Eine Beteiligung an solchen Fonds ist interessant, da die Kommunen Sicherheit garantieren und der Staat ein Engagement mit Steuervergünstigungen belohnt. Ein Nachteil könnte die doch recht lange Laufzeit von 25–30 Jahren sein.

Meine Meinung dazu:
Frauen sind von ihrer Erziehung und Lebenseinstellung her sehr schnell bereit, sich zu bescheiden, zu verzichten. Gerade Frauen, die wenig Geld haben, sind oft bereit, alternative Projekte zu unterstützen, aus denen kaum jemals Gewinn zu erzie-

len ist. Das ist zwar edel, viele Frauen können sich dies aber nicht leisten.

Das Beispiel von Frau F. steht hier für viele: Frau F., Erzieherin, verdient wenig, wie alle Menschen, die in sozialen Berufen arbeiten. Mit ihren geringen Ersparnissen beteiligt sich Frau F. an einem Öko-Projekt. Eine Verzinsung ihres Kapitals erhält sie nicht. Nach einigen Jahren muß Frau F. erfahren, daß das Projekt gescheitert ist und daß sie vermutlich ihr Geld nicht wiedersehen wird. Schuld sind in diesem Fall nicht betrügerische Machenschaften, sondern die Unfähigkeit der idealistischen Projektbetreiber, mit den Realitäten eines Projekts wie Arbeitsstrukturen, Buchhaltung und Abrechnungen umzugehen.

Ich engagiere mich dafür, daß Frauen mehr aus ihrem Geld machen, um finanzielle Unabhängigkeit zu gewinnen. Wenn dies nun auch mit gutem Gewissen möglich ist, also mit ökologisch-ethischen Geldanlagen nach den oben genannten Kriterien, um so besser.

Renten-Investmentfonds

(Fonds mit Festverzinslichen Wertpapieren)

werden ausführlich unter »Fonds« besprochen.

Sparbriefe

Über Sparbriefe verschaffen sich Banken und Sparkassen Geld, das sie dann weiterverleihen. Sparbriefe bieten fast alle Banken an, teilweise in recht unterschiedlicher Gestaltung. Der Zinssatz liegt in der Regel unter dem für Festverzinsliche Wertpapiere, ist aber ebenfalls für die gesamte Laufzeit garantiert. Die Laufzeiten liegen zwischen vier und acht Jahren.

Während dieser Laufzeit kann ein Sparbrief nicht verkauft werden.

Folgende Sparbriefarten spielen eine Rolle:

der **klassische Sparbrief**. Er wird zum Nennwert, das sind meistens 100,– DM verkauft. Die Zinsen werden jährlich ausgezahlt;

der **abgezinste Sparbrief**. Er ähnelt dem Zerobond, d. h., der Kaufpreis liegt unter dem Nennwert, Zins und Zinseszins fließen am Ende der Laufzeit in einer Summe zu. Keine jährliche Zinszahlung.

Ertrag:	dem Marktzins entsprechend.
Risiko:	keines.
Liquidität:	nicht gegeben, Sparbriefe können vor Ablauf nicht verkauft werden.
Verwaltbarkeit:	kein Problem.
Steuern:	die Zinsen müssen versteuert werden. Die Zinsen beim abgezinsten Sparbrief fallen im letzten Jahr an und müssen dort auf einmal versteuert werden.
geeignet für:	AnlegerInnen, die ihr Geld zu festen Zinsen für eine bestimmte Zeit festlegen wollen und während der Laufzeit nicht darüber verfügen müssen.

Meine Meinung dazu:

Ich sehe keinen rechten Grund für den Kauf von Sparbriefen. Die Unverkäuflichkeit während der Laufzeit macht sie zu einer sehr starren Geldanlage. Bundesschatzbriefe haben etwa die gleiche Rendite, sind aber wesentlich flexibler zu handhaben. Ich empfehle Sparbriefe nur dann, wenn deren Zinsen deutlich über denen von Bundesschatzbriefen liegen.

Der Fall von Frau M. verdeutlicht das Problem: Frau M. hat durch den Tod ihrer Eltern ein stark renovierungsbedürftiges Haus und ein beträchtliches Wertpapierdepot geerbt. Leider besteht das Depot von mehreren hunderttausend DM fast ausschließlich aus Sparbriefen der Hausbank. Frau M. kann es also nicht auflösen. Da sie dringend Bargeld braucht, um das Haus renovieren zu können, muß sie das Wertpapierdepot beleihen und hohe Zinsen dafür bezahlen.

Unabhängig von der eingeschränkten Liquidität halte ich es für einen groben Fehler der Bank, das gesamte Vermögen in einer Anlageform unterzubringen. Hier ist weder das Grundprinzip der Streuung berücksichtigt noch der Versuch unternommen worden, das Vermögen steuerlich günstig anzulegen.

Sparbuch

Das Sparbuch mit gesetzlicher Kündigungsfrist ist nach wie vor die beliebteste Geldanlage der bundesdeutschen Bevölkerung. Laut »Finanztest« Nr. 493 schlummerten Mitte 1992 ca. 570 Milliarden DM auf Sparbüchern mit gesetzlicher Kündigungsfrist, rund ein Fünftel des Kapitals der privaten Haushalte!

Auf ein Sparbuch können Sie beliebige Beträge einzahlen. Die vereinbarte Kündigungsfrist ist ein Vierteljahr. Ohne Kündigung können Sie monatlich 3000,– DM abheben.

Ertrag:	mager.
Risiko:	keines.
Liquidität:	3000,– DM pro Monat können abgehoben werden, für größere Beträge verlangt die Bank »Vorschußzinsen«.
Verwaltbarkeit:	bequem.
Steuern:	Zinsen müssen versteuert werden.
geeignet für:	AnlegerInnen, die kleine Beträge ansammeln und in relativ kurzer Zeit darüber verfügen möchten.

Meine Meinung dazu:

Als »Goldesel der Banken« wird das Sparbuch gern bezeichnet, ist es doch für Banken die für sie günstigste Möglichkeit der Geldbeschaffung. 2,5–3,5 % zahlen Ihnen die Banken für Ihr Guthaben. Wenn Sie Ihr Girokonto überziehen, zahlen Sie dagegen an die Bank 14–15 %. Mit einem größeren Guthaben auf Sparbüchern machen Sie also ausschließlich der Bank eine

Freude. Sie selbst zahlen kräftig drauf: Wenn Ihre Zinserträge über dem Freibetrag liegen, müssen Sie die Zinsen voll versteuern. Außerdem »nagt« auch noch die Geldentwertung mit durchschnittlich jährlich 3% an Ihrem Kapital. Das traditionelle Sparbuch ist also auf jeden Fall ein Verlustgeschäft.

Noch vor kurzem empfahl eine Bankerin in einem Vortrag, drei Monatsgehälter als eiserne Reserve auf einem Sparbuch zu hinterlegen. Ich halte dies für absolut unnötig: Für Beträge ab 3000,– DM gibt es bei einigen Banken höhere Zinsen. Ab 10000,– DM können Sie bei jeder Bank ein Festgeldkonto mit vierwöchiger Kündigungsfrist einrichten. Können Sie ein Jahr lang auf Ihr Geld verzichten, sind Finanzierungsschätze des Bundes eine interessantere Anlage.

Sparpläne

Bonus Sparen, Kapital-Zuwachs-Sparen, Sparen mit Doppel-Bonus, Zinsplussparen usw.

Mehr als verwirrend ist die Vielfalt der von Banken angebotenen Sparpläne. Die oft reißerische Werbung suggeriert mit »hochprozentigen« Angaben, daß es sich dabei um eine sehr rentable Geldanlage handelt. Dies ist in der Regel nicht der Fall. Die hohen Bonusversprechungen verschleiern, daß es für das angesparte Geld nur bescheidene Zinsen gibt, die meist nicht über dem Sparbuchzins liegen. Die Verzinsung ist außerdem variabel. Wenn also die Zinsen sinken, werden auch Ihre Sparplanzinsen sehr schnell nach unten angepaßt. Die Anpassung nach oben, wenn die Zinsen steigen, dauert dagegen fast immer länger! Außerdem müssen Sie meist die gesamte Laufzeit einhalten, sonst geht Ihnen der Bonus verloren.

Ein Vorteil ist, daß Sie auch Mini-Beträge ansparen können. Das Prinzip ist trotz unterschiedlicher Bezeichnung bei allen Sparplänen das gleiche: Sie zahlen für einen bestimmten Zeitraum (zwischen 3 und 25 Jahren) einen gleichbleibenden monatlichen Betrag ein. Am Ende der Laufzeit erhalten Sie Ihr Geld mit Zins und Zinseszins und einem Bonus.

Ertrag: je nach Zinssituation zwischen 4,5 und 6 %.

Risiko: keines.

Liquidität: unterschiedlich, bei vorzeitiger Kündigung geht meist der Bonus verloren.

Verwaltbarkeit: problemlos.

Steuern: Zinsen müssen versteuert werden.

geeignet für: AnlegerInnen, die nur kleine Beträge ansammeln möchten.

Meine Meinung dazu:

Wenn Sie einen Banksparplan abschließen möchten, sollten Sie bei verschiedenen Banken Angebote einholen. Lassen Sie sich unbedingt ausrechnen, wie hoch Ihr Endkapital mit einer bestimmten Monatsrate nach einer bestimmten Laufzeit sein wird. Nur so können Sie die Angebote miteinander vergleichen.

Bei höheren monatlichen Raten sollten Sie Investmentfonds-Sparpläne in Erwägung ziehen. Sie haben damit Chancen auf höhere Erträge. Außerdem sind Investment-Sparpläne wesentlich flexibler. Sie können jederzeit kündigen; Sie können auch die Höhe der Einzahlungen verändern oder mit den Zahlungen aussetzen.

Eine weitere Möglichkeit ist, die Sparbeträge auf einem Sparbuch anzusammeln und dann in Bundesschatzbriefen anzulegen, die es ab 100,– DM pro Stück gibt.

Zerobonds

(Nullkupon-Anleihen)

Sie gehören zur Kategorie der »Festverzinslichen Wertpapiere«, haben aber Besonderheiten, deretwegen sie einzeln dargestellt werden.

Zerobonds sind ganz normale Anleihen, bei denen die Zinsen jedoch nicht jährlich, sondern erst am Ende der Laufzeit mit den Zinseszinsen ausgezahlt werden. Wenn Sie einen Zerobond kaufen, zahlen Sie nur einen Teil des Nennwertes und erhalten ab Ende der Laufzeit den vollen Nennwert zurück. Ein Beispiel: Den Zerobond einer Bank konnten Sie am 4.6.1985 für 3986 DM kaufen, erhalten aber am 1.6.2000 10 000 DM zurück. (Dies entspricht einer jährlichen Verzinsung von 6,33 %.)

Zerobonds haben meist sehr lange Laufzeiten, oft sind es 10, 15 oder sogar 30, 40 Jahre. Ausgegeben werden sie von verschiedenen Ländern, der Weltbank, Geschäftsbanken und von Industrieunternehmen.

Ertrag:	kein laufender Ertrag, Zinszahlung erst am Ende der Laufzeit. Durch Steuervorteile bei geschickter Gestaltung höhere Rendite. Wenn die Zinsen seit Ihrem Kauf sinken, ergeben sich bei vorzeitigem Verkauf hohe Kursgewinne.
Risiko:	wegen der meist sehr langen Laufzeiten muß unbedingt auf beste Bonität des Herausgebers geachtet werden. Auch große Unternehmen können im Verlauf von 30 Jahren pleite gehen! Wenn die Zinsen seit Ihrem Kauf steigen, ergeben sich bei einem vorzeitigen Verkauf erhebliche Verluste.
Liquidität:	Zerobonds können, wie alle anderen Wertpapiere auch, jederzeit verkauft werden.
Verwaltbarkeit:	kein Problem.
Steuern:	Da Sie keine laufenden Zinseinnahmen haben, ergeben sich für Sie während der Laufzeit keine steuerpflichtigen Kapitalerträge. Allerdings wird die Steuerpflicht vorerst nur aufgeschoben, nicht aufgehoben. Versteuern müssen Sie die Zinserträge auf einmal am Ende der Laufzeit.
geeignet für:	AnlegerInnen, die Zinserträge auf einen späteren Zeitpunkt verlegen möchten.

Meine Meinung dazu:
Wenn Sie mit Zerobonds relativ kurzfristig spekulieren möchten, brauchen Sie Zeit und Kenntnisse.

Geeignet sind sie außerhalb der Spekulation für AnlegerInnen mit hohen Kapitalerträgen, die den Ertrag von Zerobonds in das steuerlich günstigere Rentenalter verlegen können. Zu diesem Zweck sollten Sie Zerobonds zeitlich versetzt oder mit unterschiedlichen Laufzeiten kaufen, damit nicht alle in einem Jahr fällig werden.

Ich halte allerdings einen Wertpapierkauf auf 20, 30 oder 40 Jahre für nicht sinnvoll.

Optionsscheine, Optionen, Futures und Warentermingeschäfte

sind hochspekulative Geldanlagen, bei denen Sie viel gewinnen, aber auch viel verlieren können.

In diesem Buch aber geht es um soliden Vermögensaufbau, um Vermögensplanung und Substanzerhalt. Deshalb haben derartige Geldanlagen hier keinen Platz. (Siehe auch »Was Sie von *heißen Tips* halten sollten«, Seiten 132/133)

Vermögen planen

- Wie Sie vorgehen sollten, was Sie dabei beachten müssen,
- und welche Geldanlagen Sie in bestimmten Lebensabschnitten bevorzugen können

>Du kannst dich nicht auf Deine Augen verlassen, wenn Deine Vorstellungen unscharf sind.«

Mark Twain

Wie Sie vorgehen sollten

Frau A. ist Angestellte im Öffentlichen Dienst. Sie verdient nicht schlecht, viel bleibt aber nicht übrig. Das, was übrig bleibt, wird angelegt. Sie ist 45 Jahre alt und besitzt: drei Sparbücher, Bundesschatzbriefe, Inhaberschuldverschreibungen ihrer Hausbank, einen Sparplan ihrer Bank (Zuwachssparen), einige deutsche Aktien, einen Investmentfonds mit deutschen Rentenwerten, dazu zwei Bausparverträge mit kleineren Bausparsummen, eine Kapital-Lebensversicherung.

Dieses Sammelsurium ist typisch für die Vermögensanlage vieler Anlegerinnen. Das System heißt hier »Zufall«: Die Bausparverträge werden abgeschlossen, weil der Bausparvertreter so hartnäckig ist. Den Investmentfonds findet der Bankberater ganz toll, die Aktien sind ihr zwar nicht ganz geheuer, geben ihren Geldanlagen aber ein Stückchen »Pep«.

Die Geldanlagen von Frau B., einer gut verdienenden Architektin, sind exotischer, aber genauso chaotisch und genauso zufällig. Frau B. hat ein Festgeldkonto in Peseten, eine englische Lebensversicherung, CanDollar-Anleihen, ein paar Aktien von Hyundai. Einige südafrikanische Goldminenwerte runden das ganze ab.

Geldanlage wird in den meisten Fällen nicht systematisch betrieben. In der Regel verfügen Anlegerinnen über eine willkürlich entstandene Mischung verschiedener Anlageformen. Eine Streuung nach inhaltlichen oder zeitlichen Gesichtspunkten wird nicht vorgenommen. Die Fälligkeiten sind nicht aufeinander abgestimmt, was zur Folge hat, daß die jeweils freiwerdenden kleineren Beträge wieder in eine Zufallsgeldanlage gesteckt werden usw. usw.

Frau A. und Frau B. haben keine Richtschnur für eine ihren Bedürfnissen entsprechende finanzielle Planung. Sie haben deshalb auch keine Chance, einen guten Anlageerfolg zu erzielen.

Ob Sie ein Abendessen planen, einen Hausbau oder eine Geldanlage, in jedem Fall müssen Sie erst klären, welche Voraussetzungen Sie dafür haben, was Sie erreichen möchten und auf welchem Weg Sie zum Ziel kommen. Wenn ihre finanzielle Planung erfolgreich werden soll, brauchen Sie also
– eine Bestandsaufnahme Ihres Vermögens
– eine Klärung Ihrer Ziele und Wünsche
– ein Anlagekonzept.

Bestandsaufnahme

Eine Aufstellung der vorhandenen Geldanlagen ist das Kernstück eines Konzepts. Sie ist interessant und aufschlußreich: Viele Frauen sehen erst dann, wie viele einstmals kleine Geldanlagen sich inzwischen zu einer stattlichen Summe gemausert haben, wieviel Geld trotz besten Vorsatzes unrentabel angelegt ist oder daß das gesamte Kapital in ausschließlich eine Anlageform investiert wurde.

Ich besitze:

Ertrag Fälligkeit

Bargeld
Sparbuch
Sparplan
Festgeld

Festverzinsliche Wertpapiere
Aktien
Investmentfonds mit...
Geschlossene Immobilienfonds
Immobilien
Gold
Antiquitäten, Kunst bzw. Sammlungen

Bausparvertrag
Lebensversicherung (Rückkaufwert)

Ziele und Wünsche

Sie müssen sich darüber klarwerden, was Sie in Ihrem Leben kurz-, mittel- und langfristig wirtschaftlich erreichen möchten, wann Sie es erreichen wollen und wieviel Sie dafür einsetzen können und wollen.

Wichtige grundsätzliche Geldanlage-Ziele sind
  – die Substanz des Geldes auf Dauer zu erhalten,
  – den Wert der Geldanlage nach Möglichkeit zu erhöhen,
  – Steuern zu sparen.
Persönliche Geldanlage-Ziele können sein
  – finanzielle Unabhängigkeit
  – wirtschaftlich abgesichertes Leben im Alter
  – eine Immobilie zur Selbstnutzung oder als Kapitalanlage
  – eine Zusatz-Ausbildung
  – Existenzgründung
  – Ausbildung der Kinder

– ein Feriendomizil
– Wohnungseinrichtung, eine große Reise.

Je konkreter Sie diese Ziele benennen können, desto besser für Sie. Vorstellungen wie »Ich will einmal Millionärin sein« sind keine Ziele, sondern Träume.

˙ Vielleicht fällt es Ihnen mit den folgenden Zahlenbeispielen leichter, Ihr Ziel entsprechend Ihren Möglichkeiten abzustecken:

Wenn Sie in 20 Jahren 150000,– DM haben möchten, müssen Sie ab sofort monatlich 300,– DM sparen (ein durchschnittlicher Kapitalmarktzins von 7% vorausgesetzt).

Wenn Sie ab Ihrem 65. Lebensjahr eine private lebenslange Leibrente von 2000,– DM brauchen, müssen Sie mit 65 Jahren über ca. 300000,– DM verfügen und diese in eine private Rentenversicherung einzahlen.

Wenn Sie 350000,– DM Kredit für eine Immobilie aufnehmen, haben Sie bei einem Hypothekenzins von 7% eine monatliche Belastung von ca. 2000,– DM ohne Tilgung!

Wenn Sie 26 Jahre lang mit 1% jährlich Ihre Immobilienhypothek tilgen, sind Sie schuldenfrei.

Wenn Sie Ihr Kapital mit 7% anlegen, verdoppelt sich die Summe in 10 Jahren.

Ein Anlagekonzept
Grundprinzipien der Geldanlage
Ihre finanzielle Zukunft sollten Sie erst dann planen, wenn Sie für den Fall der Krankheit, der Pflegebedürftigkeit, der Invalidität und für Haftungsfälle abgesichert sind. Nur wenn Sie sicher sein können, daß Krankheit oder Unfall Sie nicht in eine wirtschaftliche Notlage bringen, ergibt ein Anlagekonzept einen Sinn.

Die »richtige« Geldanlage für alle gibt es nicht. Welche Geldanlage für Sie richtig ist, hängt ab vom schon vorhandenen Vermögen, von Ihrer steuerlichen Situation und natürlich auch von Ihrer finanziellen Lebensplanung. Vermögensplanung muß sich an den individuellen Lebenszielen ausrichten und nicht umgekehrt.

Es ist schwer geworden, auf lange Sicht die *Substanz* des Vermögens zu erhalten. Die Auswirkungen der Geldentwertung werden allgemein unterschätzt. Hier nur ein Beispiel:

Bei einer 3%igen Inflationsrate pro Jahr
haben 100 000,– DM nach 10 Jahren nur noch
74 409,– DM Kaufkraft.

Das heißt: Sie haben zwar nach wie vor 100 000,– DM, können sich aber nur noch für 74 409,– DM etwas dafür kaufen.

Aber nicht nur die Geldentwertung »nagt« an Ihrem Vermögen, auch die Steuern mindern Ihren Ertrag. Mit der Vermögensteuer wird das Vermögen selbst besteuert, über die Einkommensteuer die Erträge. Der höhere Freibetrag für Kapitalerträge, der seit 1. 1. 1993 gilt, ist bei größerem Vermögen schnell ausgeschöpft. Wenn Sie für Ihre Anlage 8% Zins erhalten und 40% Steuern zahlen müssen, verbleiben Ihnen nach Steuern gerade noch 4,8%. Beträgt die Inflationsrate 3,5% (das ist der langjährige Durchschnitt), bleiben Ihnen gerade noch 1,3% als realer Ertrag übrig.

Außerordentlich wichtig ist deshalb, bei der Geldanlage auch *steuerliche Gesichtspunkte* zu berücksichtigen. Bei geschickter Ausnutzung aller legalen Möglichkeiten bleiben auch die Erträge aus größerem Vermögen weitgehend steuerfrei.

Setzen Sie »nicht alles auf ein Pferd«. Mit einer sinnvollen *Streuung* können Sie mehr Chancen wahrnehmen und Risiken begrenzen.

Von einer starren Aufteilung: 30% Gold, 30% Aktien, 40% in Festverzinslichen Wertpapieren halte ich allerdings wenig. Sie ist zu schematisch und kann deshalb nicht den individuellen Bedürfnissen gerecht werden.

Für alle Vermögensanlagen, gleich welcher Größenordnung, gilt die zeitliche Streuung in

- kurzfristige
- mittelfristige
- langfristige Geldanlagen.

Kurzfristig angelegte Gelder sichern die jederzeitige Verfügbarkeit des Kapitals und verhindern, daß Sie beispielsweise für Anschaffungen einen teuren Kredit aufnehmen müssen. Gemeint sind damit höher verzinste Sparbücher, Festgelder oder auch geldmarktnahe Fonds. Wichtig: Geld für kurzfristige Ziele darf niemals in riskante Anlagen investiert werden.

Mittelfristig angelegtes Geld kann den sich verändernden Bedürfnissen über einen Zeitraum von 4 bis 10 Jahren Rechnung tragen. Investieren sollten Sie hier in Festverzinsliche Wertpapiere, internationale Renten- oder Offene Immobilienfonds. Bedenken Sie aber bitte z. B. bei Festverzinslichen Wertpapieren (wie Pfandbriefen, Schuldverschreibungen, Anleihen), daß sich ihr Vermögen nicht vermehren kann, wenn Sie die Zinsen daraus nicht regelmäßig wieder anlegen, sondern verbrauchen. Wenn Sie hier nicht sehr diszipliniert sind, sollten Sie statt dessen lieber Investmentfonds mit Festverzinslichen Wertpapieren, sogenannte Rentenfonds, wählen, bei denen die Erträge automatisch wieder angelegt werden. Bei einem Zins von 7 % verdoppelt sich Ihr eingesetztes Kapital in 10 Jahren, Wiederanlage der Zinsen vorausgesetzt! (Steuerabzug ist hier nicht berücksichtigt.)

Die *langfristigen* Geldanlagen sichern Ihr Vermögen. Sie sollen die Substanz erhalten und vermehren. Sie dienen auch der Altersvorsorge. Mit langfristigen Geldanlagen sind in der Regel über Wertzuwachs, Steuersparmöglichkeiten oder Kursgewinne höhere Erträge zu erzielen.

Langfristige Geldanlagen sind häufig Sachwerte, wie Immobilien, Geschlossene Immobilienfonds, bei denen Sie mit steigenden Erträgen und Wertzuwachs rechnen können; aber auch Aktien und Aktienfonds, mit denen sich Ihnen Chancen auf höhere Gewinne eröffnen. Ebenso gehören dazu Kapital-Lebensversicherungen und private Rentenversicherungen, die wegen der Steuerfreiheit der Erträge eine lukrative Anlage sein können. Gold kann Ihnen dagegen Ihr Vermögen nicht sichern, es ist totes Kapital: Sie erhalten keine Zinsen, Sie sparen keine Steuern. Außerdem ist der Goldpreis in den letzten Jahren kontinuierlich gesunken.

Welche Beträge Sie in der jeweiligen Kategorie anlegen, hängt von Ihren individuellen Zielen und Wünschen ab und natürlich auch von Ihrer Risikobereitschaft.

Streuung darf aber nicht zu weit gefaßt werden. Eine Fülle verschiedenartigster Geldanlagen macht das Vermögen unübersichtlich.

Ein weiteres, nicht unwesentliches Kriterium bei der Geldanlage ist die *Verwaltbarkeit*. Beruflich stark engagierte Frauen haben in der Regel weder Zeit noch Lust, sich täglich mit ihrer Geldanlage auseinanderzusetzen.

Außerdem sollten Sie berücksichtigen, daß nicht alle Geldanlagen in allen *Lebensphasen* einen Sinn ergeben.

Fazit:

Nur eine auf die individuelle Situation, die Ziele und Wünsche der Anlegerin abgestimmte und das Risiko ausgewogen verteilende, also sinnvoll gestreute Geldanlage kann langfristig erfolgreich sein.

Frau C. hat ganz andere Probleme mit Geld als Frau A. und B., aber auch diese Probleme sind ohne Konzept nicht lösbar:

»Warum nur ist am Ende des Geldes noch so viel Monat übrig?« so stöhnt Helga C. mit schöner Regelmäßigkeit. Und mit ihr viele Frauen. Obwohl sie gut verdient, bleibt nie etwas übrig (ein Problem, das übrigens bei gutverdienenden Frauen häufig auftritt). Bei jeder Anschaffung muß der Dispo-Kredit in Anspruch genommen werden, den sie dann mühevoll über Monate wieder auf Null bringt. Bis die nächste unvorhergesehene Ausgabe droht.

Wenn auch Ihre Ausgaben regelmäßig höher sind als Ihre Einnahmen, sollten Sie ernsthaft überprüfen, woran das liegen kann. So banal es klingt: um zu Geld zu kommen, gibt es nur zwei Wege

mehr verdienen oder weniger ausgeben.

Wenn für Sie nur letzteres bleibt, müssen Sie systematisch vorgehen. Sie brauchen ein

BUDGET.

Um einen Haushaltsplan, ein Monatsbudget, kommen Sie
nicht herum, wenn Sie das »Bermuda-Dreieck« in Ihren Finanzen finden wollen. Sie haben keine Zeit? Denken Sie an Ihre
Ziele. So viel Zeit müssen Sie gar nicht aufwenden. Zwei Stun-
den im Monat reichen, um Ihre Ausgaben und Einnahmen
transparent zu machen.

Benutzen Sie das nachfolgende Schema, oder entwerfen Sie
Ihr eigenes. Wichtig ist, daß Sie auf der Suche nach dem »verlo-
renen Geld« nicht zu pingelig vorgehen. Sonst verlieren Sie die
Lust dazu. Nicht jeder ausgegebene Pfennig ist von Bedeutung,
sondern ausschließlich die größeren Posten.

Einnahmen:
laufendes monatl. Einkommen netto
Nebenverdienste
Zinsen
Mieteinnahmen
Sonstiges   _____
Summe der Einnahmen

Ausgaben:
a) fixe Kosten, z. B.
   Miete
   Strom
   Telefon
   Versicherungen
   Auto/öffentl. Verkehrsmittel _____
   Summe der fixen Kosten

b) variable Kosten, z. B.
   Restaurantbesuche
   Kleidung
   Essen, Trinken
   Kosmetik
   Freizeit, Kultur
   Urlaub   _____
   Summe der variablen Kosten
   Gesamtausgaben   _____

Summe der Einnahmen
∕ Summe der Ausgaben   ══════════════

= Differenz

Nicht ändern können Sie in der Regel Ihre festen Kosten. Trotzdem lohnt auch hier die Durchsicht: Lassen sich die Telefonkosten reduzieren? Sind Sie nicht auch mit einem kleineren Fahrzeug glücklich? Vielleicht verzichten Sie auch eine Weile ganz aufs Auto. Ein Mittelklassewagen kostet inkl. Wertverlust pro Monat ca. 600,– DM! Selbst wenn Sie ab und zu Taxi fahren, ist das noch viel billiger, als ein Fahrzeug zu halten. Wenden Sie sich an eine unabhängige Versicherungsexpertin. Vielleicht haben Sie einige völlig überflüssige Versicherungen?

Wirklich fündig werden Sie vermutlich bei den variablen Ausgaben. Restaurantbesuche beispielsweise gehen ganz schön ins Geld. Oder auch die Ausgaben für Kleidung, Kosmetik, Sport und Fitness. Auf der Jagd nach ihrem Geld fällt Ihnen sicherlich noch einiges dazu ein.

Wenn Ihnen jetzt angst und bange wird: Nein, Sie müssen nicht auf alles verzichten, was Spaß macht! Und Sie müssen auch nicht in Sack und Asche gehen. Aber denken Sie daran: Auch ein ausgeglichenes Konto und ein finanzielles Polster machen Freude. Wenn Sie z. B. durch Ihre Sparaktion monatlich 300,– DM übrig haben und diese fünf Jahre lang zu 7 % anlegen, verfügen Sie nach Ablauf der fünf Jahre über

21 488,– DM.

Ganz gleich, wieviel Sie monatlich sparen können, wichtig ist, daß Sie es regelmäßig tun.

Wenn Sie in Zukunft nicht nur beruflich, sondern auch wirtschaftlich erfolgreich sein wollen, müssen Sie planen. Deshalb gilt alles, was auf den vorhergehenden Seiten gesagt wurde, auch in Ihrem Fall: Machen Sie unbedingt eine Bestandsaufnahme, überlegen Sie sich Ihre kurz-, mittel- und langfristigen Ziele, entwerfen Sie ein Anlagekonzept, oder lassen Sie sich professionell dabei helfen.

> Wer heute den Kopf in den Sand steckt,
> knirscht morgen mit den Zähnen.

Geldanlagen in verschiedenen Lebensabschnitten

Nicht alle Geldanlagen eignen sich für alle – diese Aussage durchzieht dieses Buch.

Darüber hinaus sind einige Geldanlagen in bestimmten Lebensphasen geeigneter als andere: Wenn Sie gerade Ihre Ausbildung oder Ihr Studium beendet haben, brauchen Sie eine andere Anlagestrategie als eine Rentnerin. Die Frau, die ihre Berufstätigkeit unterbricht, um Kinder zu erziehen, hat andere Bedürfnisse als die Frau auf der Karriereleiter.

Neben den Grundprinzipien der Geldanlage können Sie sich an folgendem orientieren:

Als Berufsanfängerin

Wenn Sie gerade Ihre Ausbildung oder Ihr Studium beendet haben und Ihr erstes Geld verdienen, ist die Versuchung meist sehr groß, erst einmal alle lang aufgestauten Konsumwünsche zu befriedigen. Das ist verständlich. Die erste Wohnungseinrichtung beispielsweise verschlingt eine Menge Geld. Doch sollten Sie darüber das Sparen nicht vernachlässigen, auch wenn Sie zunächst nur kleine Summen erübrigen können.

Für die Liquiditätsreserve von z. B. einem Monatsgehalt ist ein *Sparbuch* unumgänglich. Bei vielen Banken gibt es Sparbücher mit etwas höheren Zinsen – Sie müssen nur danach fragen. Die Liquiditätsreserve soll verhindern, daß Sie einen teuren Dispo-Kredit in Anspruch nehmen müssen, wenn Sie etwas anschaffen.

Finanzierungsschätze des Bundes und *Bundesschatzbriefe* als völlig risikolose Festverzinsliche Wertpapiere sollten der nächste Schritt sein, wenn Sie über den »Notgroschen« hinaus Geld zur Verfügung haben.

Doch auch die längerfristige Vermögensplanung sollten Sie schon im Auge haben. Eine *Kapital-Lebensversicherung* zählt zu den Basis-Anlagen. Je früher Sie damit anfangen, desto weniger Geld müssen Sie für den monatlichen Beitrag aufwenden.

Darüber hinaus geeignet sind Sparpläne bei *Aktienfonds* und *internationalen Rentenfonds*. Die höheren Risiken bei diesen Anlageformen können Sie dann tragen, wenn eine längere Laufzeit zur Verfügung steht und Sie das Geld nicht zu einem bestimmten Zeitpunkt brauchen. Über lange Zeiträume haben Aktien und Aktienfonds in den vergangenen Jahrzehnten sehr gute Ergebnisse gebracht. Fonds-Sparpläne sind flexibel; Sie können monatlich sparen, aber auch einmalige zusätzliche Einzahlungen leisten oder, wenn Sie gerade einen finanziellen Engpaß haben, die Einzahlungen ruhen lassen.

In dieser Lebensphase – und nur hier – lohnt sich ein *Bausparvertrag*, wenn das zu versteuernde Einkommen pro Jahr 27 000,– DM bei Unverheirateten und 54 000,– DM bei Verheirateten nicht überschreitet. Nur dann erhalten Sie die Wohnungsbauprämie von 10 % auf Ihre jährliche Spareinlage. Dazu reicht aber eine Vertragssumme von 15 000,– DM und eine jährliche Einzahlung von 800,– DM. Als Geldanlage sind Bausparverträge nicht geeignet. Sie sind mit hohen Kosten belastet und bringen für das Guthaben kaum mehr als der Sparbuchzins.

Weniger geeignet sind:

– Festverzinsliche Wertpapiere, weil Sie hier jährliche Zinsauszahlungen haben und die Wahrscheinlichkeit hoch ist, daß Sie die Zinsen nicht gleich wieder anlegen oder verbrauchen. Ihr Geld vermehrt sich aber nur, wenn die Zinsen über längere Zeiträume regelmäßig wieder angelegt werden.

– Immobilien

In der Regel sind in jungen Jahren die Grundvoraussetzungen für einen Immobilienerwerb noch nicht erfüllt: ein finanzielles Polster, ein gutes und regelmäßiges Einkommen und ein sicherer Arbeitsplatz. Ohne diese Grundvoraussetzungen ist ein Immobilienerwerb zu riskant. Bedenken Sie außerdem, daß Immobilien, wie der Name schon sagt, immobil machen. In dieser Lebensphase aber ist berufliche und persönliche Mobilität sehr wichtig.

– Gold

Gold bringt keine Zinsen. Es eignet sich also nicht zur Vermögensmehrung.

So entwickelt sich Ihr Guthaben bei unterschiedlichen Zinssätzen, wenn Sie monatlich 100,– DM sparen:

| | 6 % | 7 % | 8 % |
	auf DM	auf DM	auf DM
in 1 Jahr	1 239	1 245	1 251
in 2 Jahren	2 552	2 577	2 603
in 3 Jahren	3 943	4 003	4 063
in 4 Jahren	5 419	5 528	5 639
in 5 Jahren	6 982	7 160	7 342
in 10 Jahren	16 326	17 203	18 129
in 15 Jahren	28 831	31 288	33 980
in 20 Jahren	45 565	51 043	57 270
in 30 Jahren	97 926	117 612	141 770

So wächst ein Betrag von 10 000,– DM bei unterschiedlicher Verzinsung

| | 6 % | 7 % | 8 % |
	auf DM	auf DM	auf DM
in 1 Jahr	10 600	10 700	10 800
in 2 Jahren	11 236	11 449	11 664
in 3 Jahren	11 910	12 250	12 597
in 4 Jahren	12 625	13 108	13 605
in 5 Jahren	13 382	14 026	14 693
in 10 Jahren	17 908	19 672	21 589
in 15 Jahren	23 966	27 590	31 722
in 20 Jahren	32 071	38 697	46 610
in 30 Jahren	57 435	76 123	100 627

Als beruflich etablierte Frau

Mit dem höheren Einkommen steigt auch die Steuerlast. Wichtig, wie in jeder Lebensphase, sind kurzfristig verfügbare Gelder auf *Festgeldkonten* oder in einem *Geldmarktfonds*; außerdem ein mittelfristig verfügbares Finanz-Polster, beispielsweise in *Investmentfonds*.

Darüber hinaus können Sie nun auch steuersparende Geldanlagen planen. Sehr interessant ist eine *Kapital-Lebensversicherung* in Form der Direktversicherung, eine der lohnendsten Anlageformen. Dabei überweist der Arbeitgeber aus dem Bruttoeinkommen den Versicherungsbeitrag. Versteuert wird dann nur das um diesen Beitrag niedrigere Einkommen. Wichtig: Nicht alle Arbeitgeber sind dazu bereit!

Ist ein finanzielles Polster vorhanden, der Arbeitsplatz sicher und das Einkommen entsprechend hoch, sollten Sie eine Neubau-Eigentumswohnung kaufen und diese vermieten. Nur über *vermietete Immobilien* lassen sich nennenswert Steuern sparen.

Steht darüber hinaus noch Geld zur Verfügung, sollten Sie durchaus spekulativere, immer aber seriöse Geldanlagen wagen – global anlegende *Aktienfonds* z. B. oder auch Fonds, die in spezielle Regionen oder Branchen investieren. Kursgewinne bei Aktien und Aktienfonds sind steuerfrei. Deshalb sind Aktienfonds auch dann interessant, wenn Sie den Freibetrag für Zinserträge schon ausgeschöpft haben.

Ungeeignet sind: Festverzinsliche Wertpapiere, Gold, Bausparverträge.

Als Frau in der Familienpause

In dieser Lebensphase fehlt das eigene Einkommen, für vorher berufstätige Frauen ist das nicht so leicht zu verkraften. Einige mir bekannte Ehepaare lösen das Problem, indem das Familieneinkommen geteilt und auf das jeweilige Konto überwiesen wird. Frau und Mann tragen dann gemeinsam alle anfallenden Kosten je zur Hälfte. Der Rest ist für beide zur freien Verfügung. Ich halte das für eine praktikable und partnerschaftliche Lösung. Sie erspart der nicht Erwerbstätigen das »Bitten um Geld«, das unwürdige Gefühl, kein eigenes Geld zu besitzen.

Wichtig ist natürlich auch in dieser Lebensphase eine ausreichende Liquiditätsreserve in Form von höher verzinstem Sparbuch, Festgeld oder Geldmarktfonds.

Unbedingt notwendig ist für jede Frau, die beruflich pausiert, eine *private Rentenversicherung* zum Aufbau einer eigenständigen Altersvorsorge. Wenn Sie noch jung sind und einen entsprechend langen Anlagezeitraum zur Verfügung haben, brauchen Sie dafür nur einen relativ geringen Betrag anzusetzen. Eine 30jährige kann z. B. mit einem Monatsbeitrag von 100,– DM bis zum 65. Lebensjahr folgendes erreichen:

      entweder eine lebenslange monatliche Rente
      von ca. DM 1300,–

      oder eine einmalige steuerfreie Kapitalauszahlung
      von ca. DM 169000,–.

Steht darüber hinaus noch Geld und ein längerer Anlagezeitraum zur Verfügung, sind immer geeignet *Aktienfonds*, *Offene Immobilienfonds* und *internationale Rentenfonds*.

Das selbstgenutzte Haus, die selbstgenutzte Wohnung sind für Familien mit Kindern sehr erstrebenswert und in dieser Lebensphase sicherlich eine der lohnendsten Investitionen überhaupt. Allerdings müssen Sie hierfür über doch beträchtliches Eigenkapital verfügen, wenn die Schuldenlast Sie nicht erdrükken soll. Eine Risikoversicherung für beide Lebenspartner ist unbedingt erforderlich, wenn Schulden vorhanden sind.

Nicht geeignet sind: Festverzinsliche Wertpapiere, Geschlossene Immobilienfonds, vermietete Eigentumswohnungen, Gold, Bausparverträge.

Als Frau in den Jahren vor der Rente

In dieser Lebensphase geht es darum, das Erreichte abzusichern, die letzten Weichen für einen sorglosen Lebensabend zu stellen. Haben Sie noch 12 Jahre Zeit bis zur Rente, können Sie vorhandenes, nicht benötigtes Kapital in eine *private Rentenversicherung* mit Prämiendepot einzahlen. Nach 12 Jahren haben Sie die Wahl zwischen einer steuerfreien Auszahlung des angesammelten Kapitals oder einer monatlichen Rente, die lebenslang gezahlt wird.

Die Kapitalauszahlung ist steuerfrei. Die Rente ist ebenfalls steuerbegünstigt.

Stehen Ihnen die 12 Jahre nicht mehr zur Verfügung, gibt es die Möglichkeit einer Einmalzahlung in eine private Rentenversicherung. Sie können dann selbst entscheiden, wann Sie Rente beziehen möchten, und müssen nicht 12 Jahre Laufzeit abwarten. Allerdings sollten Sie bei dieser Variante nur die Rentenzahlung wählen, die Kapitalauszahlung ist uninteressant, da nicht steuerfrei.

Interessant in diesem Lebensabschnitt sind auch *Geschlossene Immobilienfonds*. Wird der Einstiegszeitpunkt richtig geplant, können Sie Steuern sparen und im Rentenalter steuerfreie Ausschüttungen kassieren.

Besitzen Sie eine selbstgenutzte Eigentumswohnung oder ein Haus, sollten Sie jetzt alles dazu tun, daß Sie bis zum Eintritt des Rentenalters schuldenfrei sind.

Als nicht mehr erwerbstätige Frau im Rentenalter

Nun haben Sie es geschafft; Sie können hoffentlich von den Früchten Ihrer Arbeit leben. Sehr interessant sind jetzt Festverzinsliche Wertpapiere mit regelmäßigen Zinszahlungen. Nutzen Sie den Freibetrag für Zinserträge für eine Investition in *Festverzinslichen Wertpapieren*. Sie haben dann die Zinserträge steuerfrei. Darüber hinaus zur Verfügung stehendes Kapital ist in *privaten Rentenversicherungen* gut untergebracht. Sie haben lebenslang eine monatliche Rentenzahlung, die obendrein steuerbegünstigt ist, und müssen sich um die Anlage des Geldes nicht mehr kümmern.

Vielen Frauen gefällt an privaten Rentenversicherungen nicht, daß das Kapital verrentet wird, sich also im Laufe des Lebens aufzehrt. Es steht somit den Erben nicht mehr zur Verfügung. Denken Sie daran: Am besten sorgen Sie für Ihre Hinterbliebenen, wenn Sie an sich denken und in jeder Phase des Lebensabends für sich selbst aufkommen können.

Besitzen Sie *Offene Immobilienfonds* oder *Rentenfonds*, können Sie sich über einen Auszahlplan monatlich eine gleichbleibende Summe aus Ihrem Guthaben überweisen lassen.

Diese Möglichkeit gibt es mit Kapitalverzehr (dann besteht die Auszahlung zu einem Teil aus Zinsen, zu einem anderen Teil aus der Substanz, das Kapital wird langsam aufgebraucht) oder ohne Kapitalverzehr. Bei letzterem werden nur die Zinsen verrentet.

Sehr interessant sind in Hochzinsphasen sogenannte *Rentenpläne*, die von Banken angeboten werden. Sie zahlen einen größeren Betrag ein, legen ihn mindestens 5 und längstens 10 Jahre fest und erhalten während der gesamten Laufzeit einen garantierten Zins. Die Zinszahlungen können Sie als monatliche Rente erhalten. Rentenpläne sind während der Laufzeit nicht kündbar.

Auch in dieser Lebensphase interessant sind *Geschlossene Immobilienfonds*, deren Ausschüttungen überwiegend steuerfrei sind.

Notgedrungen müssen diese Kategorisierungen schematisch sein. Sie können eine qualifizierte persönliche Beratung nicht ersetzen.

Fürs Alter vorsorgen

- Warum Frauen dieses Thema meiden, welche Folgen das hat
- und mit welchen Geldanlagen Sie am besten vorsorgen

»...Und wie es so stand und gar nichts mehr hatte, fielen auf einmal die Sterne vom Himmel und waren lauter harte, blanke Taler...«

aus: »Sterntaler«

Solche Problemlösungen gibt es wirklich nur im Märchen. Im richtigen Leben geht es leider ganz anders zu.

Warum Frauen dieses Thema meiden

Armut im Alter ist weiblich, das geht, wie gesagt, aus einem Bericht über die »Neue Armut« hervor, den die Stadt München vor einigen Jahren erarbeiten ließ und dessen Ergebnisse sicherlich auf alle Städte der Bundesrepublik übertragbar sind. Niedrigere Löhne und Gehälter, Kindererziehungszeiten, Teilzeitarbeit, geringfügige Beschäftigungsverhältnisse lassen die Rentenerwartungen von Frauen schrumpfen. Nur 1% der Rentnerinnen kann eine gesetzliche Rente von 2500,–DM und mehr erwarten. 75% aller Frauenrenten liegen unter 1000,–DM monatlich.

Aber auch wenn dies alles nicht auf Sie zutrifft, werden Sie mit der gesetzlichen Rente allein Ihren Lebensunterhalt im Alter nicht finanzieren können. Selbst wenn Sie 45 Jahre versicherungspflichtig gearbeitet haben, können Sie nur eine gesetzliche Rente von ca. 45% des letzten Bruttoeinkommens erwarten. Die gesetzliche Höchstrente allerdings liegt derzeit bei ca. 3000,–DM.

Je mehr Sie verdienen, desto größer wird die Lücke zwischen Ihrem jetzigen Einkommen und der künftigen Rente sein. Das ist die sogenannte »Versorgungslücke«. Gutverdienende können lediglich mit einer Rente von 30 %, vielleicht sogar nur mit 20 % des letzten Nettoeinkommens rechnen. Das heißt, die gesetzliche Rente wird in Zukunft nur noch eine Grundversorgung sein.

Dazu kommt die generelle Unsicherheit unseres Rentensystems. Es wird sich in den kommenden Jahrzehnten deutlich verschlechtern, und davon wird niemand unberührt bleiben. Denn das Verhältnis zwischen berufstätigen Beitragszahlern und Rentenempfängern verändert sich dramatisch.

Durch verbesserte Lebensbedingungen und bessere medizinische Versorgung werden immer mehr RentnerInnen immer älter, beziehen also deutlich länger Rente. Dazu kommt außerdem, daß immer mehr Menschen durch Rationalisierungsmaßnahmen in den Vorruhestand geschickt werden, also deren Rentenbezugszeit ebenfalls deutlich steigt. Andererseits sinkt die erwerbstätige Bevölkerung (durch abnehmende Geburtenzahlen).

Heute finanzieren zwei Erwerbstätige mit ihren monatlichen Beiträgen einen Rentenempfänger. Im Jahre 2035 wird das Verhältnis 1 : 1 sein. Das heißt, Sie müssen damit rechnen, daß entweder Ihre Rentenbeiträge jetzt deutlich erhöht werden müssen oder die gesetzliche Rentenleistung später reduziert wird.

Männer befassen sich in der Regel frühzeitig mit ihrer Altersversorgung. Aus einschlägigen Statistiken geht hervor, daß die meisten jungen Männer, die ins Berufsleben eintreten, schon eine Kapital-Lebensversicherung abschließen.

Für Frauen ist dies nicht selbstverständlich. Die Zahl der Frauen, die schon in jungen Jahren an Altersversorgung denkt, ist verschwindend gering. Klammheimlich denken viele Frauen immer noch, daß ein Ehemann eine ausreichende Altersversorgung sei. Sie sehen dabei nicht, daß in Deutschland mittlerweile jede dritte Ehe geschieden wird und daß die aus dem Versorgungsausgleich den beiden Ehepartnern zustehende anteilige Rente oft »zum Leben zu wenig und zum Sterben zu viel ist«.

Vielen Frauen wird erst um die 50 bewußt, wie wenig Rente sie zu erwarten haben. Die Reaktionen auf die deprimierenden Zahlen sind dann je nach Temperament und Standort unterschiedlich: Sie reichen von fatalistischem »irgendwer wird im Alter schon für mich aufkommen« bis hin zu massiven Verarmungsängsten.

Vor allem für Frauen kann also die finanzielle Situation im Alter sehr schwierig werden,
– weil sie in der Regel weniger verdienen als Männer,
– weil sie durch die Familienpause Ausfallzeiten haben,
– weil sie häufig Teilzeit arbeiten oder geringfügige Beschäftigungsverhältnisse eingehen,
– weil sie unentgeltlich im Unternehmen ihres Partners mitarbeiten und
– weil sie Berufstätigkeit oft nur als eine Episode in ihrem Leben betrachten.

Den letzten Punkt möchte ich noch ein wenig besser ausleuchten: Männer ergreifen einen Beruf in dem Bewußtsein, daß sie ihn bis zum Rentenalter ausüben werden. Dieses Bewußtsein ist sicherlich ein Grund für die Zielstrebigkeit, mit der Männer ihren beruflichen Aufstieg angehen. Es gibt aber immer noch Frauen, die in der Berufstätigkeit nur ein Übel sehen, das es so bald wie möglich zu beenden gilt. Wie Frau P., 52 Jahre alt, die mir eröffnete, daß sie jetzt genug gearbeitet habe und deshalb aufhören wolle, um mehr ihren Interessen leben zu können. Ein unrealistischer Wunsch, wie eine überschlägige Einschätzung ihres Geldbedarfs und ihres Einkommens nach Ende der Berufstätigkeit zeigte.

Offenbar existiert in den Köpfen die alte Rollenverteilung: Mann sorgt vor, Frau wird versorgt – immer noch!

Colette Dowling schreibt zu diesem Thema in ihrem Buch »Der Cinderella-Komplex«:

> »Von Geburt an werden Männer auf die Unabhängigkeit vorbereitet. Und ebenso systematisch wird Frauen beigebracht, daß sie etwas anderes erwarten können: Sie werden eines Tages auf irgendeine Weise gerettet. Das ist das Märchen, die Botschaft, die wir mit der Muttermilch eingesogen haben. Vielleicht wagen wir uns eine Zeitlang allein in die Welt. Wir studieren, arbeiten, reisen. Vielleicht verdienen wir sogar gut.

Aber bei alldem haben wir im Innern das Gefühl, daß dies nur ein *vorübergehender* Zustand ist. Du mußt nur durchhalten, heißt es in dem Kindermärchen, und eines Tages kommt ein Mann und befreit dich aus der Angst, für immer allein zu leben.

(Der Junge lernt: Niemand rettet dich, wenn du es nicht selbst tust).«

Dabei haben erstmals in der Geschichte Frauen unseres Kulturkreises die Möglichkeit, selbstbestimmt und finanziell unabhängig im Alter zu leben. Sie müssen nicht – wie unsere Vorfahrinnen – aus wirtschaftlichen Gründen bei einem ungeliebten Partner bleiben oder als »Tantchen« und nur geduldet die Kinder der Familie hüten.

Wenn sie, ja, wenn sie Vermögensaufbau und Absicherung im Alter sorgfältig planen. Denn nur wer rechtzeitig die Lage erkannt hat und sich ein privates Vermögen aufbaut, kann später sorgenfrei leben.

Mit welchen Geldanlagen Sie am besten vorsorgen

Kapital-Lebensversicherungen und Rentenversicherungen

Sie sind meiner Meinung nach die Basis jeder Vermögensplanung. Durch die Steuerfreiheit der Erträge sind sie jedem Banksparplan überlegen. Schon mit Monatsbeiträgen von 100,– DM können Sie sich in jungen Jahren ein zweites »Rentenbein« schaffen.

Private Rentenversicherungen sind geeignet für Frauen, die niemanden absichern wollen und müssen, die ausschließlich an ihre eigene Absicherung denken. Die Wahlmöglichkeit zwischen Kapitalauszahlung oder lebenslanger monatlicher Rentenzahlung am Ende der Laufzeit bietet größere Gestaltungsfreiheit als die klassische Kapital-Lebensversicherung.

Die Kapital-Lebensversicherung wiederum ergibt in jungen

Jahren einen Sinn, da sie im Laufe der Jahre auf vielfältige Weise eingesetzt werden kann. So kann eine Lebensversicherung zur Absicherung eines Kredits dienen, sie kann helfen, Kinder im Fall des Todes abzusichern usw.

Aktien-Investmentfonds

In anderen westlichen Ländern ist der Aufbau einer Altersversorgung über Aktienengagements seit Jahrzehnten üblich. Bei uns scheuen sich viele Anlegerinnen vor den teilweise starken Kursschwankungen. Sie wissen nicht, daß diese Schwankungen sich über lange Zeiträume relativieren. Alle entsprechenden Untersuchungen haben übereinstimmend ergeben, daß Aktieninvestitionen bei langfristiger Anlage hohe Renditen erreichen.

Wichtig ist hierbei, daß Sie einen möglichst breit und international investierenden Aktienfonds oder, noch besser, einen gemischten Fonds (mit Aktien und festverzinslichen Wertpapieren) wählen. Branchen-, Länder- und Spezialfonds sind spekulativer und zur Altersversorgung weniger geeignet.

Die vermietete Neubau-Immobilie

Immobilien als klassische Sachwertanlagen können einen Inflationsausgleich bieten. Allerdings verlangen sie bei einem Engagement von Ihnen mehr Voraussetzungen als Lebens- bzw. Rentenversicherungen und Aktienfonds. Sie müssen ein finanzielles Polster haben und sollten über ein dauerhaft gutes Einkommen verfügen.

Eine Neubau-Immobilie sollten Sie wählen, weil Sie nur hier hohe steuerliche Vorteile haben und Reparaturen nicht so schnell auftreten.

Mit Eintritt des Rentenalters allerdings sollte die Immobilie schuldenfrei sein. Sie haben dann als zusätzliche Einnahme den Mietertrag. Da dieser Mietertrag im Laufe der Jahre steigen wird, verfügen Sie über eine dynamische Rente. Sie können aber natürlich auch die Immobilie verkaufen und das Geld z. B. in eine »sofort beginnende private Rentenversicherung« einzahlen.

Die selbstgenutzte Immobilie

Sicherlich ist diese Form der Geldanlage die beste Altersversorgung überhaupt. Allerdings setzt sie erhebliches Eigenkapital und ein dauerhaft gutes Einkommen voraus. Mit Beginn des Rentenalters sollte die Immobilie weitgehend schuldenfrei sein. Wenn Sie sich hier finanziell zuviel zumuten, kann das böse enden. Die Absicherung der Familie über eine Risiko-Lebensversicherung ist unbedingt notwendig.

Geschlossene Immobilien-Fonds

Bei dieser Immobilien-Investition können Sie auch mit geringeren Summen einsteigen, in der Regel ab 20000,–, manchmal erst ab 50000,– DM. Am besten erwerben Sie die Anteile in einer Zeit, in der Sie noch berufstätig sind, also die Steuervorteile nutzen können. Sie haben dann in den Folgejahren steuerfreie Ausschüttungen und profitieren, hoffentlich, später einmal von der steuerfreien Wertsteigerung beim Verkauf der Immobilie.

Ich halte ein von finanziellen Sorgen freies Alter für ein wichtiges, wenn nicht für das wichtigste Ziel des Lebens. Jedem Menschen sollte es vergönnt sein, im Alter die Früchte seines Lebenswerks zu genießen. Da sich die weitverbreitete Annahme, die gesetzliche Rente könne dies gewährleisten, als Irrglaube herausstellt, gewinnt die private Altersversorgung in Ergänzung zur gesetzlichen und betrieblichen große Bedeutung.

Je früher Frauen beginnen, an ihr Alter zu denken, desto geringer ist der Aufwand dafür, und desto größer ist der Erfolg. Daß es Frauen generell schwerfällt, an das Alter zu denken und damit natürlich auch an Altersversorgung, ist sicherlich ein gesellschaftliches Problem. In einer Gesellschaft, in der ewige Jugend ein erstrebenswertes Ziel ist (»mit der Hydrosome/Anti-Falten/Collagen/Liposome/usw.-Creme sehen Sie mit 50 immer noch aus wie 25!«), kann der Gedanke an eine Lebensphase jenseits der 65 nicht lustvoll sein!

Alter existiert also für viele Frauen nicht, mit der Folge, daß für sie auch das Problem Altersversorgung nicht existiert.

Steuern sparen

- Wie Sie sinnvoll und legal Steuern sparen können
- und wie der Wunsch, Steuern zu sparen, zum *Fetisch* werden kann

»Niemand ist verpflichtet, sein Vermögen so zu verwal
ten oder seine Ertragsquellen so zu bewirtschaften, daß
dem Staat daraus hohe Steuern zufließen.«
(Preußisches Oberverwaltungsgericht 1906)

Jedes Gemeinwesen, sei es der Staat, das Land oder die Gemeinde, setzt sich politische, wirtschaftliche und soziale Ziele.
Um diese Ziele durchzusetzen, steht ein Bündel von Instru-
menten zur Verfügung, z. B. Gesetze, Verordnungen, Subventionen, aber auch steuerliche Begünstigungen derer, die die
Ziele des Gemeinwesens unterstützen.

Wie Sie sinnvoll und legal Steuern sparen können

Es ist sinnvoll und wichtig, Geldanlagen so zu planen, daß bestehende Freiräume genutzt und hohe Steuerzahlungen vermieden werden können.

Grundsätzlich sind alle laufenden Erträge wie Zinsen und
Dividenden steuerpflichtig. Zum 1.1.1993 wurden allerdings
die Freibeträge für Zinseinkünfte erhöht. Sie dürfen seitdem
6100,– DM als Unverheiratete und 12200,– DM, wenn Sie ver-
heiratet sind, an Zinsen jährlich einnehmen, ohne Steuern dafür zahlen zu müssen.

Nicht alles, was Ihnen aus Ihrem Kapital zufließt, unterliegt
außerdem der Besteuerung. Bei geschickter Gestaltung Ihrer
Geldanlagen und einem guten Anlagekonzept können Sie auch
die Erträge eines größeren Vermögens ganz legal überwiegend
steuerfrei halten.

Sie können Steuern vermeiden,

wenn Sie Geldanlagen wählen, deren Erträge ganz oder teilweise steuerfrei sind.

Die Erträge bei *Kapital-Lebensversicherungen* und *Rentenversicherungen* sind steuerfrei, wenn mindestens fünf Jahresbeiträge entrichtet sind und eine Laufzeit von 12 Jahren eingehalten wird. Wenn Sie den Freibetrag für Zinserträge schon ausgeschöpft haben oder im Laufe der Jahre ausschöpfen werden, ist eine Lebens- oder Rentenversicherung für Sie eine hochinteressante Geldanlage.

Sind Sie schon im Ruhestand, kann sich für Sie eine Einmaleinzahlung in eine *private Rentenversicherung* lohnen. Sie erhalten daraus eine lebenslange monatliche Rente, von der Sie nur den sogenannten Ertragsanteil versteuern müssen. Das heißt, wenn Sie 65 Jahre alt sind und einen monatlichen Betrag von z. B. 1000,– DM aus Ihrer privaten Rentenversicherung erhalten, zählen als steuerpflichtiges Einkommen nur 270,– DM.

Bei *Offenen Immobilienfonds* ist ein Teil des Ertrags steuerfrei. Dieser steuerfreie Anteil bewegt sich zwischen 30 und 60 % der jährlichen Ausschüttung. Sie können also als Unverheiratete in einem Offenen Immobilienfonds 150 000,– bis 200 000,– DM steuerfrei anlegen, wenn Sie dafür den Freibetrag für Zinserträge von 6100,– DM verwenden.

Kursgewinne bei *Aktien*, bei *Festverzinslichen Wertpapieren* und *Investmentfonds* müssen nicht versteuert werden, wenn Sie die Papiere mindestens sechs Monate in Ihrem Besitz hatten (Spekulationsfrist).

Auch für Wertsteigerungen beim Verkauf von *Immobilien* und *Geschlossenen Immobilienfonds* zahlen Sie keine Steuern. Die Spekulationsfrist beträgt hier allerdings zwei Jahre, d. h. die Steuerfreiheit wird nur gewährt, wenn Sie die Immobilie oder die Anteile des Geschlossenen Immobilienfonds mindestens zwei Jahre in Ihrem Besitz hatten.

Sie können Zinserträge verlagern,

z. B. ins Rentenalter. Zinserträge müssen grundsätzlich in dem Jahr versteuert werden, in dem sie zufließen. Bei *Bundesschatzbriefen Typ B,* bei *auf- und abgezinsten Sparbriefen* und bei *Zerobonds* erhalten Sie Zinszahlungen nicht während der Laufzeit, sondern erst am Schluß, bei Fälligkeit.

Staffeln Sie die Laufzeit Ihrer Wertpapiere, und planen Sie so, daß Sie bei Fälligkeit der Papiere schon im Ruhestand sind. Sie haben dann kein so hohes steuerpflichtiges Einkommen mehr und zahlen unter Ausnutzung aller Freibeträge nur noch wenig Steuern.

Sie können Steuern einsparen,

wenn Sie Geldanlagen wählen, die Ihr zu versteuerndes Einkommen reduzieren.

Eine interessante Möglichkeit, die alle Arbeitnehmer nutzen können, ist eine *Direktversicherung* durch *Gehaltsumwandlung.* Hierbei schließt der Arbeitgeber für den Arbeitnehmer eine Lebensversicherung ab und zahlt die Prämie dafür (der zulässige Höchstbetrag ist 3000,– DM pro Jahr) direkt an die Versicherungsgesellschaft. Die Versicherungsprämie wird vom Bruttogehalt abgezogen und pauschal mit (derzeit) 15 % versteuert. Die Arbeitnehmerin versteuert dann nur noch den Rest ihres Bruttogehalts und spart damit Einkommensteuer. *Wichtig:* Nicht alle Arbeitgeber sind dazu bereit.

Die beste Möglichkeit allerdings, nachhaltig und deutlich Steuern zu sparen, bieten *Neubau-Immobilien,* die Sie vermieten. Hohe steuerliche Abschreibungsmöglichkeiten mindern auf Jahre hinaus Ihr zu versteuerndes Einkommen und damit auch Ihre Steuerbelastung.

Meiner Meinung nach sollten sich allerdings Immobilienkäufe auch ohne steuerliche Vergünstigungen rechnen. Ein seriöses Finanzierungskonzept sollte davon ausgehen, daß die Steuerrückflüsse zur Tilgung des Kredits verwendet werden, und nicht, um den Unterhalt der Immobilie erst möglich zu machen.

Mehr als bei jeder anderen Geldanlage kommt es beim Immobilienkauf auf die Ausgangsbedingungen an: Sie sollten ein finanzielles Polster, ein gutes Einkommen und einen sicheren Arbeitsplatz haben, wenn eine Immobilien-Investition sinnvoll sein soll.

Die Beteiligung an einem *Geschlossenen Immobilienfonds* ist mit dem Direkterwerb einer Immobilie vergleichbar. Allerdings ist eine Beteiligung schon mit wesentlich geringeren Beträgen (ab 20 000,– DM + 5 % Aufgeld) möglich.

Mit Anteilen an Geschlossenen Immobilienfonds können Sie im Jahr des Kaufs, manchmal auch noch im zweiten Jahr in hohem Maße Ihr zu versteuerndes Einkommen reduzieren. In den Folgejahren haben Sie dann steuerfreie Ausschüttungen.

Weniger geeignet in vielen Fällen, aber oft überlegt wird die *Vermögensübertragung auf Kinder*. Frau O. z. B. hat nach ihrer Scheidung ihren Anteil am gemeinsamen Vermögen von 100 000,– DM anzulegen. Frau O. hat wenig Ahnung von den Möglichkeiten, die sie hat. Sie weiß nur eines ganz sicher: Sie will möglichst wenig Steuern zahlen. Ohne zu prüfen, wieviel sie tatsächlich zu versteuern hat, überträgt sie einen Teil ihres Geldes auf ihr Kind

Vom Finanzamt werden nur tatsächliche Vermögensübertragungen auf Kinder anerkannt. Scheinübertragungen zum Zweck der Steuerumgehung sollten deshalb unbedingt vermieden werden. Das heißt, das übertragene Vermögen gehört tatsächlich dem Kind. Eltern sollten gut überlegen, ob sie ihr Geld endgültig aus der Hand geben wollen.* Eine Vermögensüber-

---

* Grundregeln für die steuerliche Anerkennung von Vermögensübertragungen auf Kinder:

Einkünfte müssen den Kindern eindeutig zugeordnet werden.

Ernsthaftigkeit der Vereinbarung muß gewährleistet sein.

Verträge müssen wie zwischen Fremden üblich abgefaßt sein und durchgeführt werden.

Vermögenswerte müssen den Kindern tatsächlich zugewendet werden.

Für die Kinder müssen wirtschaftliche Vorteile entstehen.

Es darf nicht der Eindruck entstehen, daß die Vereinbarungen nur der Steuerersparnis dienen.

An die Kinder übertragenes Vermögen darf den Eltern nicht wieder als Darlehen dienen.

aus: Karl H. Lindmayer: Geld und Steuern 94. Gabler-Verlag, Wiesbaden 1994.

tragung auf Kinder ist m. E. nur sinnvoll, wenn das Vermögen groß ist und den Kindern hohe Erbschaftssteuern erspart werden sollen.

Nicht geeignet:
Erwerbermodelle
Das sind Gebrauchtwohnungen, die meist aus dem Bestand eines Großinvestors aufgekauft werden. Große Versicherungen beispielsweise stoßen ganze Wohnanlagen ab, wenn sich hohe Renovierungskosten abzeichnen, die nicht auf die Miete umgelegt werden können. Die Aufkäufer wandeln diese Wohnanlagen in Eigentumswohnungen um, verpacken das Ganze als Steuersparpaket mit hohen Werbungskosten und verkaufen jede einzelne Wohnung mit horrenden Aufschlägen. Mit kurzfristigen Steuervorteilen erwerben Sie hier eine Schrottimmobilie, an der Sie keine Freude haben.

Schiffsbeteiligungen
Hier handelt es sich um gewerbliche Beteiligungen mit hohem unternehmerischen Risiko und Marktrisiko.

Meine Meinung:
Schließen Sie keine Geldanlage ausschließlich unter steuerlichen Gesichtspunkten ab. Steuerliche Vorteile können auch gestrichen werden. Der Staat braucht Geld; in Bonn werden derzeit alle steuerlichen Subventionen überprüft. Bedenken Sie, daß Sie bei Steuersparanlagen für kurzfristige Steuerersparnisse meist langfristige Verbindlichkeiten eingehen.

Wie der Wunsch, Steuern zu sparen, zum *Fetisch* werden kann

Im finsteren Mittelalter verlangten die Feudalherren von ihren Bauern alljährlich den Zehnt, also den zehnten Teil ihrer Ernte und ihres Viehs, als Steuern und zwangen sie zusätzlich noch zu Hand- und Spanndiensten, d. h. zu unentgeltlicher Arbeit. Das Ende der Feudalherrschaft befreite uns zwar von der Pflicht, Hand- und Spanndienste für den Landesherrn zu leisten, aber nicht davon, Steuern zu zahlen. Die Steuern stiegen sogar gewaltig an, denn heute führen wir nicht mehr nur einen Zehnt unseres Einkommens ab. Der Rechtsnachfolger der Feudalherren, der Staat, behält je nach Einkommen einen Fünft, Viert, Dritt bis zu mehr als einem Zweit, d. h. die Hälfte, für seine Zwecke ein.

Die Steuerlast ist also beträchtlich gestiegen und der Wunsch, sie zu vermindern, daher nur allzu verständlich. Steuerspartricks sind deshalb ein allseits beliebtes Thema auf Partys, und besonders Trickreiche erfreuen sich allgemeiner Bewunderung.

Allein die hohe Belastung mit Abgaben und Steuern erklärt also schon das allgemeine Bestreben, Steuern zu sparen. Deshalb werden auch die Angebote dazu gern angenommen. Eine weitverbreitete Unzufriedenheit mit der Verwendung von Steuergeldern – je nach politischer Couleur wird z. B. der Autobahnbau abgelehnt oder die Unterstützung sozialer Randgruppen – liefert ein zweites Motiv für das Steuernsparen: Dem Staat müssen die Mittel für eben diesen »Unsinn« entzogen werden.

Steuernsparen hat sich damit zu einer »moralischen Pflicht« entwickelt, ist zu einem Wert geworden und, gelegentlich mehr als das, zu einem Fetisch.

Welche skurrilen Tänze um das goldene Steuersparkalb manchmal aufgeführt werden, möchte ich anhand von zwei Beispielen aus meiner Praxis aufzeigen. Die Beispiele sind zwar extrem, aber keineswegs selten:

Frau Dr. W., geschieden, ein Kind, bekam nach Abschluß ihrer Facharztausbildung eine Halbtagsstelle als Anästhesistin in einer Klinik. Der Blick auf ihre erste Gehaltsabrechnung löste in ihr den unwiderstehlichen Zwang aus, dem Steuerspar-Fetisch zu huldigen. Sie kaufte deshalb eine Eigentumswohnung als Kapitalanlage und nahm, ebenfalls wegen der Steuer-

vorteile, ein Disagio* von 10% auf fünf Jahre. Im ersten Jahr konnte sie folglich mehr als ihr Jahreseinkommen steuerlich geltend machen. Sie war begeistert.

Im zweiten Jahr legte sich allerdings die Begeisterung, denn die Mieteinnahmen zusammen mit den Steuervorteilen deckten keineswegs die Kosten, die aus Zins und Tilgung entstanden. Sie mußte monatlich einige hundert DM zuschießen – keine Kleinigkeit bei einem Halbtagsgehalt.

Nach fünf Jahren lief die Zinsbindung aus. Sie hatte inzwischen nicht einmal das mitfinanzierte Disagio getilgt, geschweige denn eine Mark vom Kaufpreis. Eine neue Finanzierung bei dem inzwischen deutlich gestiegenen Zinssatz von 8,50% statt bisher (wegen des Disagios) 5% hätte ihre monatlichen Ausgaben mehr als verdoppelt und damit ihre finanziellen Kräfte überfordert. In ihrer Not mußte sie verkaufen. Da die Wohnung aber vermietet war, erzielte sie nicht einmal mehr den Einstandspreis. Das ganze Abenteuer hatte sie, über die fünf Jahre addiert, mehr als 50000,– DM gekostet.

In meinen Augen machte Frau Dr. W. einen entscheidenden Fehler. Geblendet durch die Steuereinsparungen übersah sie, daß sie als Halbtagsangestellte zu wenig verdiente, um die Kosten decken zu können, die ihr durch die Steuersparanlage entstanden.

Aber auch bei hohem Einkommen kann das Steuersparen auf Teufel-komm-raus fatale Folgen haben, wie das Beispiel von Frau U. zeigt: Sie ist selbständig und verdient mehr als 250000,– DM im Jahr, zahlt also als Spitzenverdienerin den Spitzensteuersatz. Um diesen zu senken, kaufte Frau U. in un-

---

* Disagio: (auch Damnum oder Abgeld genannt) ist der Unterschied zwischen dem zurückzuzahlenden Darlehensbetrag und einem niedrigeren Darlehensauszahlungsbetrag. Beispiel: Bei einem Darlehensbetrag von 100000,– DM und einem 10%igen Disagio erhalten Sie von der Bank nur 90000,– DM, müssen aber 100000,– an die Bank zurückzahlen. Mit der Höhe des Disagios vermindert sich der Zinssatz auf den Kredit. Außerdem ist das Disagio steuerlich sofort absetzbar. In welcher Höhe und ob überhaupt sich ein Disagio lohnt, muß bei Abschluß eines Darlehensvertrags genauestens geprüft werden.

regelmäßigen Abständen Wohnungen – gebrauchte, denkmalgeschützte und neue. Zur Finanzierung dieser Käufe schloß sie eine Reihe von Bausparverträgen ab, die sie nach Bedarf aufstockte oder ruhen ließ, und verschachtelte diese mit Kapital-Lebensversicherungen. Es gelang ihr so über Jahre hinweg, ihr steuerpflichtiges Einkommen deutlich zu senken. Allerdings verlor sie völlig den Überblick über ihre finanzielle Situation und mußte zu ihrem Entsetzen eines Tages feststellen, daß das ihr zur Verfügung stehende Einkommen, bedingt durch Zinsen und Tilgungen für die Wohnungen sowie durch die Prämien für die Bausparverträge und die Lebensversicherungen, kaum noch ausreichte, um die Lebenshaltungskosten zu decken. Eine Steuernachforderung in Höhe von 90 000,– DM ruinierte sie dann vollends.

Speziell im Bereich der steuersparenden Kapitalanlagen tummeln sich zudem viele Betrüger. Sie haben in diesem Bereich relativ leichtes Spiel, weil »Steuern sparen« bei vielen Menschen offenbar die Denk- und Kritikfähigkeit lahmlegt. Das Bauherrenmodell-Desaster in den 70er Jahren, bei dem sich ganze Berufsgruppen (die berühmten »Zahnwälte«) ruinierten, ist der drastischste Beweis dafür.

Regelmäßig ab Oktober haben Verkäufer von steuersparenden Kapitalanlagen Hochkonjunktur.

> »Schenken Sie dem Finanzamt nichts – aus ersparten Steuern Vermögen bilden – wer die Pflicht hat, Steuern zu zahlen, hat auch das Recht, Steuern zu sparen.«

Diese und noch viele andere – ach so einleuchtende – Sprüche verfehlen ihre Wirkung nicht. Je später im Jahr, desto leichteres Spiel haben die jeweiligen Verkäufer.

Da werden dann schnell noch vor Jahresende Wohnungen gekauft, Anteile von Geschlossenen Immobilienfonds gezeichnet. Schiffsbeteiligungen winken mit Verlustzuweisungen von über 100 %. Beteiligungen an sogenannten Verlustzuweisungsgesellschaften wie Öl- und Gasexplorationen oder der Filmbranche werden schmackhaft gemacht.

Kaum eine Anlegerin ist in der Lage, die Seriosität der Angebote, die komplizierten Anlage-Konstruktionen und ihre Risiken zu durchschauen, also die Spreu vom Weizen zu trennen. Und kaum eine Anlegerin denkt daran, daß sie oft für kurzfristige Steuerersparnisse langfristige Verbindlichkeiten eingeht.

Um es abschließend in aller Deutlichkeit zu sagen: Steuernsparen ist nicht ehrenrührig, und es ist legal. Ob es aber vernünftig ist, läßt sich nur im Einzelfall nach einer Analyse der bestehenden Situation, möglichst exakter Kalkulation und Abwägung aller Fakten entscheiden.

»Rosa Elefanten«
oder: Wie Sie garantiert nicht reich werden!

- Wie Sie Betrüger und Betrugsobjekte erkennen
- wie an sich solide Geldanlagen unsachgemäß verkauft werden
- was Sie von *heißen Tips* halten sollten
- was Strukturvertriebe sind und warum Sie darüber Bescheid wissen sollten

Kein Geld ist vorteilhafter angewandt als das, um welches wir uns haben prellen lassen; denn wir haben dafür unmittelbar Klugheit eingehandelt, sagt Schopenhauer.

Und da hat er sicherlich recht. Ich hoffe trotzdem, daß Ihnen Lehrgeld dieser Art erspart bleibt.

Wie Sie Betrüger und Betrugsobjekte erkennen

Auf jährlich mindestens 40 Milliarden DM schätzen Experten den Schaden, den betrügerische Anlagevermittler anrichten. Während in den 70er und 80er Jahren überwiegend Ärzte, Apotheker, Anwälte und andere gut verdienende Berufsgruppen die bevorzugte Zielgruppe von Anlagebetrügern waren, wenden sich die Betrüger heute zunehmend auch an Kleinanleger, nach dem Motto »Kleinvieh macht auch Mist«. Die Versprechen sind immer die gleichen: höchste Erträge bei absoluter Sicherheit, also »rosa Elefanten«, die Erfüllung eines Traums.

1000,– DM sagt Frau B., könne sie in einen »Sparbrief« investieren mit 72 % garantierten Zinsen im Jahr, bankverbürgt und sicher. Viele ihrer Freundinnen hätten schon investiert und auch die ersten Zinszahlungen in dieser Höhe erhalten.

72 % Zins gibt es nicht und schon gar nicht bankverbürgt und sicher. Renditen in dieser Höhe können Sie u. U. erreichen mit hochriskanten, spekulativen Geldanlagen, bei denen Sie Ihr Geld aber natürlich auch verlieren können.

Im oben beschriebenen Fall handelt es sich um ein sogenanntes »Schneeballsystem«, das folgendermaßen funktioniert: Aus den jeweils neu von Anlegern eingezahlten Geldern werden eine Zeitlang die Zinsen für die ersten Anleger gezahlt. Die Erstinvestoren erhalten somit die »Bestätigung«, daß das System wirklich funktioniert. Sie sollen dadurch dazu gebracht werden, weiteres Geld zu investieren. Ein Schneeballsystem läuft natürlich nur, solange Nachschub kommt. Bleibt dieser aus, übersteigen bald die »Zinszahlungen« die Einnahmen, und das ganze System bricht zusammen.

Auf ähnliche Weise und mit ähnlichen Versprechungen sammelte beispielsweise die AMBROS-Gruppe, damaliger Sitz in Vaduz/Liechtenstein, vor einigen Jahren 500 Millionen DM bei bundesdeutschen AnlegerInnen. Obwohl alle Wirtschaftszeitschriften und Branchen-Informationsdienste vor AMBROS warnten, konnten ca. 50000 AnlegerInnen dazu gebracht werden, Geld zu investieren. Mittlerweile sitzen die Verantwortlichen hinter Gittern. Ob die AnlegerInnen ihr Geld wiedersehen, kann bezweifelt werden.

Wie sagte doch der Altbankier Hermann Josef Abs: Ich zahle jedem gerne fünf Jahre lang 20 %, wenn ich ihm das Kapital nicht zurückzahlen muß.

Frau L. wird eine gebrauchte Eigentumswohnung zur Kapitalanlage kaufen. Sachwert schlägt Geldwert, hat ihr der Immobilienverkäufer erklärt. Das hat sie überzeugt. Die Wohnung ist irgendwo in diesem unserem Land, gesehen hat sie sie nicht. Gebaut wurde sie in den 60er Jahren, das Haus wurde aber, wie der Immobilienverkäufer versichert, »von Grund auf« renoviert.

Die Immobilie rechnet sich: Eigenkapital braucht sie keins; Mieteinnahmen und Steuervorteile tragen die Kosten. Und in fünf Jahren kann sie die Immobilie mit Riesengewinn verkaufen, sagt der Immobilienverkäufer.

Zuhauf werden in der Bundesrepublik sog. Erwerbermodelle angeboten, das sind überalterte, schlecht gebaute und notdürftig renovierte Wohnungen, in der Regel aus den 60er Jahren. Meist handelt es sich dabei um Wohnanlagen, die von großen Gesellschaften (z. B. Versicherungen) abgestoßen werden, weil sich größere Renovierungen abzeichnen, die nicht auf die Mieten umgelegt werden können. Von den Aufkäufern dieser Wohnanlagen werden die Wohnungen dann in Eigentumswohnungen umgewandelt und zu völlig überhöhten Preisen verkauft.

Preisgeschockten Großstädtern erscheinen die Angebote sehr günstig, wenn sie ausschließlich die nackten Zahlen zueinander in Beziehung setzen: Statt 7000,– DM pro qm in München nur 2500,– DM pro qm z. B. in Niedersachsen.

Die Wahrscheinlichkeit ist aber groß, daß AnlegerInnen statt auf einer wertsichernden Immobilie auf einer Schrottwohnung sitzen, die nicht einmal die Hälfte wert ist. Stehen dann auch noch hohe Instandhaltungskosten an, hat sich die verheißungsvolle Immobilieninvestition sehr schnell in ein Verlustmodell verwandelt, für das sich kein Käufer mehr findet.

Frau K. hat soeben ein interessantes Telefongespräch geführt: In Kaffee müsse sie investieren, der Kaffeepreis steige mit hundertprozentiger Sicherheit in den nächsten Monaten, hat ihr ein unbekannter Herr mit wohlklingender Stimme am Telefon erklärt. Wenn sie jetzt ein Warentermingeschäft abschließe, habe sie die Möglichkeit, in einem halben Jahr Riesengewinne zu machen.

Warentermingeschäfte sind hochspekulative Geschäfte, mit denen hohe Gewinne zu erzielen sind, aber eben auch ein totaler Verlust möglich ist. Seriöse Warentermingeschäfte werden niemals telefonisch abgewickelt, sondern ausschließlich über honorige Brokerhäuser* getätigt. Sollen Sie, wie in dem oben geschilderten Fall, via Telefon und mit hohen Gewinnversprechen zur Investition gebracht werden, legen Sie am besten den Hörer auf.

Ich habe hier die Beispiele herausgegriffen, die mir häufig in meiner täglichen Praxis begegnen. Es gibt aber nahezu keine Anlageform, die nicht auch von schwarzen Schafen angeboten wird.

Noch einmal:
Die wundersame Geldvermehrung gibt es nicht. Niemand hat Geld zu verschenken. Bedenken Sie, daß die Zinsen, die Ihnen versprochen werden, irgend jemand bezahlen muß. Das heißt, was für Sie Ertrag ist, bedeutet für jemand anderen Kosten! Warum sollte Ihnen jemand 72 % Zinsen bezahlen, wenn der Marktzins beispielsweise bei 7 % liegt?

Und bedenken Sie auch: Wenn es eine Geldanlage gäbe, mit der Sie auf risikolose Art so hohe Zinsen erwirtschaften können, müßte der Anlageberater keine Geldgeber suchen!

Bei 6 % Zins im Monat werden aus 50 000,– DM in weniger als 10 Jahren 3 500 000,– DM.
(Sie haben richtig gelesen: drei Millionen und fünfhunderttausend Deutsche Mark.)

---

* Broker: Bezeichnung für private Wertpapiermakler. Wertpapierhandelsfirmen werden als Brokerhäuser bezeichnet.

Werden Sie unbedingt mißtrauisch,
– wenn Unbekannte Ihnen telefonisch Geldanlagen anbieten,
– wenn Ihnen höchste Gewinne bei absoluter Sicherheit versprochen werden,
– wenn Sie Ihr Geld dem Berater oder Vermittler persönlich übergeben oder auf dessen Konto überweisen sollen,
– wenn Sie zum Abschluß gedrängt werden.
Es gibt nur sehr wenige »einmalige Gelegenheiten«.

Bisher war von betrügerischen Anlageberatern die Rede. Diese sind aber nur eine Seite der Medaille. Betrogen kann nur werden, wer sich betrügen läßt.

Frauen sind manchmal unglaublich vertrauensselig, wie z. B. Frau Z. »Das Geld (30 000,– DM) hat ein Bekannter meines Freundes in Liechtenstein angelegt«, erzählt sie mir. Und so unglaublich es klingt, meine Fragen, in welchen Geldanlagen angelegt wurde, bei welcher Bank, zu welchen Konditionen und Laufzeiten, kann sie nicht beantworten. Eine schriftliche Unterlage über diese Geldanlage hat sie nicht. Das Geld hat sie dem Bekannten persönlich übergeben.

Frau O. wiederum reagiert auf meine Fragen eher arrogant: »Ein Bekannter von einem Bekannten – ein Herr der Münchner Gesellschaft –« hat ihr eine Möglichkeit verschafft, viel Geld zu verdienen. Irgendwie, sagt sie, hätte das Ganze mit kanadischen Aktien zu tun. Aber Genaueres weiß sie nicht. Der »Herr der Münchner Gesellschaft« gibt sich sonst mit so kleinen Beträgen nicht ab, erzählt sie. Aber durch Vermittlung eines Freundes hat sie die Chance, sich mit 50 000,– DM zu beteiligen. Auch sie hat keinerlei schriftliche Unterlagen über ihre Geldanlage, kennt weder Konditionen noch Laufzeiten, geschweige denn Risiken.

Sind AnlegerInnen, die so leichtfertig sind, noch schützenswert? fragen Verbraucherschützer – zu Recht!

Wie an sich solide Geldanlagen unsachgemäß verkauft werden

Auf die Frage nach dem tüchtigsten Vertreter in seiner Firma gab der Chef die Antwort, es sei der, der einem Kleinbauern eine Melkmaschine verkaufe und dafür die drei Kühe des Bauern in Zahlung nehme.

Sicherlich ist kein Bauer so dumm, eine Melkmaschine zu kaufen, wenn er keine Kühe zum Melken hat, ganz egal wie eloquent und überzeugend der Verkäufer auch sein mag. Aber ist diese Geschichte wirklich fernab jeglicher Realität? Gibt es nicht Tausende, die einen Bausparvertrag abschließen, obwohl sie nie in ihrem Leben bauen können? Lassen sich nicht viele, allzu viele, zu Geldanlagen überreden, die zwar seriös sind, aber für die Ziele und die Lebenssituation der AnlegerInnen absolut untauglich?

Hier einige Beispiele, alle aus meiner täglichen Praxis:

Frau C. erbt 400000,– DM. Sie ist Künstlerin und hat von Geldanlage keine Ahnung. Ihr bisheriges Leben war geprägt von kleinen Einnahmen, vom sparsamen Umgang mit Geld. Deshalb hat sie große Angst, das Geld durch falsche Anlage zu verlieren. Es ist ihre einzige Altersversorgung. Beim Gespräch mit dem Bankangestellten betont sie immer wieder, daß sie sichere Geldanlagen möchte. Das nimmt der Bankangestellte ernst: Er legt für sie den gesamten Betrag in Gold an. Keine Frage nach ihren Plänen, ihren Zielen, keine Streuung in flüssige Mittel und Anlagen zur Altersversorgung. 400000,– DM in Gold!

Einige Jahre später braucht Frau C. dringend Geld. Sie muß einen Teil ihres Goldes verkaufen. Der Goldpreis ist inzwischen stark gesunken. Frau C. verliert ziemlich viel Geld.

Frau S. ist Freiberuflerin und will Geld für ihre Steuerzahlungen ansammeln. Der Anlagezeitraum ist also bekannt. Von ihrer Hausbank wird ihr ein deutscher Aktienfonds empfohlen. Nach einem Jahr muß Frau S. die Anteile verkaufen, da ja ihre Steuer-

zahlung fällig ist. *Der Zeitpunkt ist äußerst ungünstig, die Aktienkurse sind stark gesunken. Frau S. verliert Geld.*

Aktienfonds sind spekulative Geldanlagen, die nur dann einen Sinn ergeben, wenn die Anlegerin den Fonds langfristig halten kann und will.

Zur Ansammlung von Geld für einen zeitlich naheliegenden, bestimmten Zweck sind Aktienfonds auf gar keinen Fall geeignet.

Frau D. wurde gerade geschieden. Aus dem Verkauf des gemeinsamen Hauses hat sie 250 000,– DM erhalten. Frau D. weiß noch nicht, wie ihr künftiges Leben aussehen wird. Sie will sich erst einmal mit ihren drei Kindern an ihr neues Leben gewöhnen und denkt an eine Umschulung, um beruflich wieder Fuß fassen zu können. Von der Anlage einer so großen Summe fühlt sie sich überfordert.

Da kommt Heinz L. wie gerufen, ein Freund ihres Bruders. Herr L. rät ihr eindringlich und nachhaltig, von dem Geld Anteile an einem Geschlossenen Immobilienfonds – es handelt sich um ein Einkaufszentrum in den neuen Bundesländern – zu kaufen. Sachwert, Inflation, Wertsteigerung, Mietindexierung – Frau D. schwirrt der Kopf. Aber es ist alles sehr einleuchtend, was Heinz L. ihr da am Wohnzimmertisch erzählt. Und Immobilien waren ja immer schon eine gute Geldanlage. Sie unterschreibt.

Ein Geschlossener Immobilienfonds ist von allen möglichen Geldanlagen vermutlich die, die Frau D. in ihrer Situation am wenigsten brauchen kann: Die erheblichen Steuervorteile, die Geschlossene Fonds attraktiv machen, kann Frau D. nicht nutzen, weil sie derzeit nicht arbeitet und auch die nächsten Jahre wegen ihrer Umschulung nichts verdienen wird. Ihr Geld liegt für viele Jahre fest – Anteile an Geschlossenen Fonds sind schwer verkäuflich, es gibt dafür keinen Markt. In der Situation von Frau D., für die ihr weiteres Leben noch völlig offen ist, also grundverkehrt.

Frau B. und Herr F. kaufen sich zusammen ein Haus zur Selbstnutzung. Von einem Finanzierungsvermittler wird ihnen zur

Tilgungsaussetzung über eine Lebensversicherung geraten. Das heißt, die Hauskäufer tilgen nicht regelmäßig ihren Kredit, sondern zahlen statt dessen die Beiträge für eine Lebensversicherung.

Diese Form der Finanzierung und Tilgung ergibt ausschließlich einen Sinn bei Immobilien, die vermietet werden, da hier die Schuldzinsen steuerlich absetzbar sind. Bei selbstgenutzten Immobilien dagegen ist es wichtig, kontinuierlich zu tilgen, um möglichst bald, auf jeden Fall aber bis zum Rentenalter, schuldenfrei zu sein.

Falschberatungen dieser Art aus Gründen der Provisions-Optimierung sind leider an der Tagesordnung. Argumentiert wird in der Regel damit, daß über eine Lebensversicherung ja auch der Fall eines vorzeitigen Todes des Hauptenährers abgesichert ist. Gesagt wird dabei nicht, daß eine solche Todesfallabsicherung völlig ausreichend und viel kostengünstiger über eine Risiko-Lebensversicherung vorgenommen werden kann.

Frau E. hat vier Bausparverträge. Bauen will sie nicht, sie hat eine sehr günstige Dienstwohnung, die sie auch nach ihrer Pensionierung behalten kann. Aber in regelmäßigen Abständen meldet sich der Bausparkassen-Vertreter, um ihr ein Angebot zu unterbreiten. Und da schon ihre Eltern Bausparverträge hatten, außerdem die Bezeichnung BAUSPAREN so schön anheimelnd klingt, schließt Frau E. mit schöner Regelmäßigkeit Bausparverträge ab.

Bausparverträge sind, wenn überhaupt, nur dann interessant, wenn jemand eine Immobilie zur Eigennutzung erwerben will. Zur Geldanlage sind sie völlig ungeeignet, da die Verzinsung für das angelegte Kapital der Sparbuchverzinsung ähnelt, also wenig lukrativ ist.

Frau H., 84 Jahre alt, ist vermögend. Sie hat allerdings wenig Ahnung von Geld. Frau H. lebt in einem Senioren-Stift. Es geht ihr gesundheitlich gut, nur geistig ist sie nicht mehr voll auf der Höhe. Große Freude macht es ihr, einmal wöchentlich ihre

Bank aufzusuchen, Kontoauszüge abzuholen, Prospekte mitzunehmen und mit den Bankangestellten zu reden.

Als die Verwirrtheit ihrer Mutter zunimmt, fängt ihre Tochter an, sich um die Geldangelegenheiten zu kümmern. Da sie davon ebensowenig Ahnung hat wie ihre Mutter, bringt sie mir ihre ganzen Papiere zur Durchsicht.

Es stellt sich heraus, daß der Bankangestellte über Jahre hinweg hochspekulative Börsentermingeschäfte macht – mit dem Geld einer verwirrten alten Frau, die brav alles unterschreibt, was der Bankangestellte ihr vorlegt.

Auch der gute Name einer Bank schützt Sie nicht vor unsachgemäßer Beratung. Ganz gleich, von wem Sie beraten werden, Sie sollten mißtrauisch sein,

– wenn Ihnen geraten wird, bestehende Lebensversicherungen aufzulösen, um eine neue Lebensversicherung oder andere Geldanlagen abzuschließen. Selbst wenn die Versicherungsgesellschaft, bei der Sie versichert sind, nicht zu den besten gehört, ist es günstiger für Sie, die bestehende Lebensversicherung zu behalten, als eine neue abzuschließen. Jede neu abgeschlossene Lebensversicherung ist in den ersten Jahren mit hohen Verwaltungs- und Provisionskosten belastet. Wirklich gewinnträchtig werden Lebensversicherungen zum Ende hin, da hier die »dicken« Schlußgewinne anfallen. Sie bringen sich also um den Lohn für Ihre jahrelange Mühe, wenn Sie Ihre Lebensversicherung vorzeitig beenden;

– wenn Ihnen Konstruktionen vorgeschlagen werden, bei denen mehrere Geldanlagen miteinander verbunden sind, die nichts miteinander zu tun haben. Beliebt sind: Bausparvertrag mit Lebensversicherung und Sparplan; Baufinanzierung mit Aktienfonds, Investmentfonds mit Lebensversicherung usw. Der Phantasie sind hier keine Grenzen gesetzt. In der Regel verdient hier nur einer, und das sind nicht Sie!

– wenn Sie über 45 Jahre alt sind und Ihnen der Abschluß einer Kapital-Lebensversicherung vorgeschlagen wird. In der Regel ist ab diesem Alter eine private Rentenversicherung wesentlich günstiger;

– wenn Ihnen ein Bausparvertrag zur Geldanlage empfohlen wird. Bausparverträge sind als Geldanlage absolut unsinnig. Der Zinssatz für das eingezahlte Kapital ist meist nicht höher als der Sparbuchzins. Dazu zahlen Sie noch Abschlußgebühren. Einzige Ausnahme: Sie verdienen unter 27000,– DM als Unverheiratete oder unter 54000,– DM im Jahr als Verheiratete. Dann erhalten Sie eine 10 %ige Wohnungsbauprämie auf die jährliche Sparleistung. Allerdings liegt die maximale Rendite auch dann noch unter 6 %.

Aus diesen Beispielen sehen Sie, daß Sie auch mit an sich seriösen Geldanlagen Vermögensverluste erleiden können, wenn diese Geldanlagen unsachgemäß verkauft werden.

Was Sie von *heißen Tips* halten sollten

Frau J. hat vor Jahren 40000,– DM geerbt und dieses Geld gut angelegt, bevorzugt in Bundesschatzbriefen und Investmentfonds. Nach knapp 10 Jahren sind beinahe 100000,– DM aus ihrem Kapital geworden. Ein schöner Erfolg! Und trotzdem ist Frau J. unsicher: Hätte sie nicht noch mehr aus ihrem Geld machen können? Jedesmal, wenn Sie im Kollegenkreis erzählt, daß sie gerade wieder Geld angelegt hat, trägt ihr Kollege Hermann F. ein wissendes Lächeln zur Schau.

»Weißt es halt nicht besser, kleines Dummchen«, soll dieser Gesichtsausdruck sagen. Hermann F. ist nämlich ein »Profi« in Sachen Geldanlagen. In der Kantine liest er »BÖRSE EXTRA«, in seiner Freizeit macht er Börsenspiele am Computer, und er spekuliert. Gerade hat er wieder investiert: Bull spread call, long straddle, Zins-Future-Put, erklärt er. Frau J. versteht nur »Bahnhof«. Die Kollegen sind neidisch: Er macht sicherlich wieder einmal einen Riesenschnitt! Jedenfalls deutet er gelegentlich so etwas an. Aktien auf Kredit, Zinsdifferenzgeschäfte. Es gibt nichts, was Hermann F. nicht kennt und nicht schon ausprobiert hat. Und – natürlich – steigt er bei Aktien- und Währungsspekulationen immer im richtigen Moment ein oder aus.

Hermann F. läßt sein Geld nicht einfach bei der Sparkasse an der Ecke. Nein, Hermann F. ist clever und hat es bei einer Bank im österreichischen Kleinwalsertal (zum »Steuersparen«, hahaha!). Ist ja mit dem Auto nur ein Katzensprung von München aus, meint er.

Sie kennen Hermann F.! Er heißt nur in Ihrer Firma anders! Hermann F. gehört zu der schwer erträglichen und leider gar nicht so seltenen Spezies der Angeber und Besserwisser, wie es sie in jedem Betrieb gibt.

Lassen Sie sich nicht verunsichern! Ich bezweifle, daß Hermann F. wirklich den großen Schnitt macht. Sicherlich kann man mit Spekulationen an der Börse gewinnen, manchmal sogar viel. Aber: Was einer gewinnt, muß ein anderer verlieren. Hermann F. sollte sich einmal überlegen, wer seine Spekulationsgegner sind, dann würde er sich weniger großmäulig über seine angeblichen Erfolge verbreiten. Da 90 % der Börsenumsätze von Banken, Versicherungsgesellschaften und Fondsgesellschaften getätigt werden, sitzen die Gegner von Hermann F. in den Analyseabteilungen dieser Institute. Gegen sie regelmäßig zu gewinnen ist nicht ausgeschlossen, doch wenig wahrscheinlich.

Jetzt wissen Sie auch, warum Hermann F. mittags in der Kantine ißt und nicht im Restaurant. Und warum er einen verrosteten, acht Jahre alten »Japaner« fährt und nicht den neuesten Ferrari, sein Traumauto.

Die Anlage im Kleinwalsertal mit dem Ziel der Steuerhinterziehung ergibt ohnehin keinen Sinn, da die Kursgewinne, die Hermann F. angeblich macht, nicht versteuert werden müssen. Dafür bringt er sein Geld in die Illegalität, was eine spätere Verwendung des Kapitals, z. B. für einen Immobilienkauf, sehr erschwert. Und die Herren von der Steuerfahndung, die im Kleinen Walsertal vor den Banken stehen und die deutschen Autonummern aufschreiben, ja, die hat Hermann F. übersehen.

Was Strukturvertriebe sind und warum Sie darüber Bescheid wissen sollten

Die Methode des Strukturvertriebs kommt – wie so vieles – aus Amerika. Zunächst diente sie dazu, Haushaltsprodukte (wie die bekannte *tupper ware*) oder Kosmetik unter die Leute zu bringen. Mittlerweile werden aber bevorzugt und in großem Stil Finanzprodukte vertrieben.

Strukturvertriebe funktionieren nach folgendem Prinzip: In einem Schneeballsystem werden ständig neue Verkäufer angeworben, die wiederum laufend neue Mitarbeiter einbringen müssen. Dabei verdient jeder an den Umsätzen seiner Untergebenen mit. Das Einkommen bemißt sich also nicht nur danach, mit welchem Erfolg einer die Produkte verkauft, sondern auch danach, wie viele weitere Verkäufer er ebenfalls dafür begeistern kann.

»In den streng hierarchisch aufgebauten, wie eine Pyramide mit mehreren Karrierestufen aufgebauten Gesellschaften zählt nur der Umsatz. Allein wer genug Vertragssumme und Provision ›kloppt‹, darf als einer der wenigen Auserwählten eine Stufe höher klettern. Dort lockt die höhere Provisionsbeteiligung, der Ferrari-Dienstwagen, die Anerkennung der Kollegen.« (aus: »finanztest«, Berlin, 2/92).

Da jeder an jedem mitverdient, müssen – das ist einleuchtend – Produkte verkauft werden, die besonders viel Provision einbringen. Welche Produkte aber bringen hohe Provisionen? Meistens sind es solche, die sonst nur schlechte Marktchancen haben, solche also, die über ein besonders leistungsstarkes Vertriebssystem an die Käufer gebracht werden müssen.

Beispielsweise sind das Schrottimmobilien zu stark überhöhten Preisen, bei denen für die einzelnen Verkäufer durchaus Provisionen von 10 bis 20 % anfallen können. Es sind aber auch spezielle Lebensversicherungen mit teuren Tarifen und teilweise abenteuerlichen Gestaltungen, Bausparverträge mit hohen Bausparsummen, Fondspolicen und Kombinationsmodelle, also Konstruktionen, bei denen mehrere Geldanlagen miteinander verbunden werden.

Zuviel Wissen schadet dem Verkauf, ist die Maxime bei Strukturvertrieben. Viel Wert wird demnach auch nicht auf die fachliche Ausbildung, dafür aber auf psychologische Verkaufsschulung gelegt. Fragetechniken, Ausweichtaktiken, psychologische Grundkenntnisse werden vermittelt. Intensiv trainiert wird beispielsweise, wie Einwände des Kunden entkräftet werden können. Auflage für junge Verkäufer ist, erst einmal im Bekannten- und Verwandtenkreis zu akquirieren, denn dort ist die Hemmschwelle für die Verkäufer am geringsten und die Bereitwilligkeit der Leute, etwas zu kaufen, am größten.

Ich kenne aus meiner täglichen Praxis viele Frauen, die auf die Nase gefallen sind, weil sie »dem Peter eine Chance geben wollten« und der »Monika vertrauten, die ja eine Bekannte von Cousin Peter ist«.

Der Fall von Frau N. ist symptomatisch für die Vorgehensweise: Eine Bekannte, so berichtet sie mir, schickt ihr die Anlageberaterin M. ins Haus. Diese erstellte für Frau N. eine »Finanzanalyse«, aus der ganz deutlich hervorging, daß sie dringend eine Fondsgebundene Lebensversicherung brauchte. Um diese finanzieren zu können, mußte Frau N. ihre bestehende Lebensversicherung auflösen und den Beitrag für die neu abgeschlossene Fondsgebundene Lebensversicherung verwenden.

Frau N. ist 55 Jahre alt, eine Lebensversicherung, in welcher Form auch immer, ist also viel zu teuer für sie. Investmentsparen mit regelmäßigen monatlichen Einzahlungen geht genausogut und kostengünstiger mit einem Investmentsparplan, eine Lebensversicherung ist dazu nicht nötig. Durch das Auflösen ihrer alten Lebensversicherung verliert Frau N. Geld. Rundherum macht sie also mehr als ein schlechtes Geschäft.

Daß z. B. Frau V., einer arbeitslosen Psychologin, die eine kleine Barreserve von 5000,– DM hat, empfohlen wird, dieses Geld in einem Aktienfonds anzulegen, ist ebenfalls typisch. Eine aufwendig gestaltete »Finanzanalyse« untermauert die absurde Anlageempfehlung.

Strukturvertriebs-Verkäufer nennen sich häufig Wirtschaftsberater, das Büro wird als Kanzlei bezeichnet, und die Kunden heißen natürlich nicht einfach Kunden, sondern »Mandanten«.

Was damit unbewußt assoziiert werden soll, ist deutlich: die Nähe zu Rechtsanwälten, Steuerberatern und ähnlichen Berufsgruppen mit hoher gesellschaftlicher Akzeptanz.

Über Strukturvertriebe werden jährlich Finanzprodukte in zweistelliger Milliardenhöhe verkauft. Besonders »gewütet« haben Strukturvertriebe nach der Wende in den neuen Bundesländern. Millionenschäden sind durch unqualifizierten Verkauf ungeeigneter Produkte an unerfahrene ostdeutsche MitbürgerInnen entstanden.

Branchenführer in Deutschland sind DVAG (Deutsche Vermögensberatung AG), OVB (Allfinanzvermittlungs GmbH), AWD (Allgemeiner Wirtschaftsdienst) und HMI (ein Ableger der Hamburg-Mannheimer-Versicherung).

Beratung

- Wie Sie die richtige Bank finden
- was Sie von unabhängigen FinanzdienstleisterInnen halten können
- und warum es *Finanzdienstleistungen von Frauen für Frauen* gibt

Zu Risiken und Nebenwirkungen lesen Sie die Packungsbeilage oder fragen Sie Ihren Arzt oder Apotheker!

Bei Medikamenten ist also Information und Informationsbeschaffung relativ einfach. Aber wen fragen Sie, wenn es nicht um Medikamente, sondern um Geldanlagen geht?

– Der Bankberater muß die Angebote seines Hauses verkaufen,
– der Versicherungsvertreter hält Lebensversicherungen für die beste Art, Geld unterzubringen,
– der Bausparvertreter kennt sich bei Bausparverträgen aus,
– der Steuerberater hat genug damit zu tun, seine immer kompliziertere Materie zu beherrschen.

Der Bedarf an unabhängiger qualifizierter Beratung wird immer größer. Mit Öffnung des europäischen Binnenmarktes wird die Zahl der Angebote bei Geldanlagen und Versicherungsprodukten unübersehbar.

Wie Sie die richtige Bank finden

»Der kann sich freuen, der die nicht kennt!
Ihr fragt noch immer: Wen?
Sie borgen sich Geld für fünf Prozent
und leihen es weiter zu zehn...«
aus: »Hymnus an die Bankiers« von Erich Kästner

Einschüchternde Bankhäuser, arrogante Mitarbeiter, die Finger in so ziemlich allen krummen Geschäften – so sehen viele BürgerInnen Banken. Beliebt sind diese Institutionen also nicht gerade. In schöner Regelmäßigkeit bringen außerdem die Medien Berichte über unqualifizierte Bankangestellte oder über Banker, die ihre Kundschaft um Haus und Hof bringen. Vor 10 Jahren lobten noch 70 % der Bankkunden die Leistungen ihrer Bank. Heute ist nur noch jede/jeder zweite Deutsche mit den Leistungen ihrer bzw. seiner Bank oder Sparkasse zufrieden. Eine Untersuchung, durchgeführt im Auftrag der Stiftung Warentest, brachte dies zutage. Die Ansprüche und der Wissensstand der KundInnen sind stark gewachsen. Die Bereitschaft, eine Bankverbindung auch einmal zu wechseln, hat zugenommen.

Im Kreuzfeuer der Kritik stehen häufig die Gebühren. Bis in die 70er Jahre noch wurden Überweisungen kostenlos ausgeführt, heute langen die Banken hier kräftig zu. Allerdings ist es nicht ganz einfach herauszufinden, wer wofür wieviel verlangt. Zu unterschiedlich sind die Gebührenstrukturen und die darin enthaltenen Leistungen. In letzter Zeit gehen immer mehr Banken dazu über, eine Pauschalgebühr für alle Kontobewegungen, also Daueraufträge, Überweisungen und Lastschriften, zu verlangen. Diese unterschiedliche Handhabung macht es mühsam, die einzelnen Kosten und deren Leistungen bei Banken zu vergleichen.

Selbstverständlich sollten Sie sich bei der Eröffnung einer neuen Bankverbindung genau über diese Gebühren informieren und eine kostengünstige Bank auswählen. Eine gute Bankverbindung zeichnet sich aber durch wesentlich mehr aus als durch niedrige Gebühren!

Wie finden Sie also die für Sie richtige Bank?

Ob eine Bank die richtige für Sie ist, zeigt sich dann,
- wenn Sie Geld haben
- oder wenn Sie Geld brauchen!

Wenn Sie Geld haben

Macht Ihre Bank Sie darauf aufmerksam, daß sich auf Ihrem Girokonto zuviel Geld angesammelt hat und dort zinslos schmort? Zeigt Ihnen Ihre Bank ebenso sichere, aber zinsgünstigere Alternativen zu Ihrem Sparbuch? Sind nicht einmal diese Mindestvoraussetzungen erfüllt, ist ein Wechsel der Bankverbindung angebracht.

Wenn Sie sich bei Ihrer Bank wegen einer Geldanlage beraten lassen, sollten Sie an das Gespräch folgende *Kriterien* anlegen:

- Sind Sie nach Ihrer Vermögenssituation gefragt worden? Es ist wichtig für neue Anlageentscheidungen, ob, in welcher Höhe und in welche Geldanlagen Sie schon investiert haben.
- Ist Ihre steuerliche Situation in die Überlegungen einbezogen worden? Manche Geldanlagen rechnen sich nur bei einem hohen Steuersatz.
- Haben Ihre wirtschaftlichen Ziele und Wünsche eine Rolle gespielt? Es ist bedeutsam, ob Sie sich z. B. in einigen Jahren selbständig machen werden oder eine größere Investition planen.
- Wurde Ihre persönliche Risikobereitschaft angesprochen, bzw. wurden Sie auf Geldanlagen aufmerksam gemacht, die zwar ein höheres Risiko bringen, aber auch höhere Chancen haben?
- Wurde Ihnen nur ein Anlagevorschlag gemacht oder mehrere Alternativen aufgezeigt? Sind Ihnen nach dem Gespräch auch die Nachteile der jeweiligen Geldanlagen bewußt?
- War die Gesprächsatmosphäre freundlich? Hat sich der Berater so ausgedrückt, daß Sie alles verstanden haben?
- Hat Ihr Bankberater im Laufe Ihrer Geschäftsbeziehung einen Versuch gemacht, mit Ihnen ein individuelles Vermögenskonzept zu besprechen?

Wenn Sie diese Fragen mit »Ja« beantworten können, herzlichen Glückwunsch!

In den meisten Fällen allerdings erfüllen die Großbanken den Anspruch auf zeitintensive und qualifizierte Beratung nicht mehr. Qualifizierte und individuelle Beratung gibt es erst, wenn Sie mehrere hunderttausend DM vorweisen können. Für 10000,– oder 20000,– DM bemüht sich heute bei vielen Banken gerade noch der Azubi.

Wenn Sie Geld brauchen

»Wenn du den Wert des Geldes kennenlernen willst, versuche dir welches zu borgen«, sagt ein Sprichwort und meint damit sicherlich Männer *und* Frauen. Tatsache ist aber, daß es für Frauen schwieriger ist als für Männer, einen Kredit zu erhalten.

Es ist verständlich, daß Banken das verliehene Geld wieder zurückbekommen möchten und deshalb Absicherungen brauchen. Doch denken Sie daran, daß Sie um keine Almosen betteln, sondern eine Kundin sind, an der die Bank gutes Geld verdient.

Drei monatliche Nettogehälter für einen Dispositionskredit sollten ohne Gehaltsabtretung bei Angestellten als Spielraum akzeptiert werden. Bei Freiberuflern und Selbständigen wird in der Regel der durchschnittliche Zahlungseingang innerhalb eines Monats als Dispokredit gewährt.

Wenn Ihr Konto längere Zeit einen – sehr teuren – Überziehungskredit aufweist, müßte Ihre Bank Ihnen von sich aus einen zinsgünstigeren Kredit mit festen Rückzahlungsraten anbieten.

Selbstverständlich ist, daß Ihnen bei jeder Art von Kredit der Effektivzins und nicht nur der Nominalzins genannt wird. Nur er enthält Bearbeitungsgebühren und alle übrigen Kosten.

Fazit:

Die »richtige« Bank sollte sich Ihnen gegenüber also nicht nur höflich und freundlich, sondern auch partnerschaftlich verhalten. Dazu gehört aber auch, daß Sie sich Ihrer Bank nicht untertänig als Bittstellerin nähern, sondern daß auch Sie sich als Geschäftspartnerin Ihrer Bank verstehen und ebenso auftreten.

Und Sie sollten dabei nicht übersehen: Der nette und höfliche »Bankbeamte« (wie es im Sprachgebrauch so schön heißt) auf der anderen Seite des Tresens oder Schreibtisches ist kein

Beamter, sondern ein Angestellter der Bank. Deshalb ist er auch nicht – wie ein Beamter – dem Gemeinwohl verpflichtet und auch nicht Ihrem persönlichen Wohlergehen. Verpflichtet ist er seinem Arbeitgeber, der Bank; er arbeitet zu deren Nutzen. Sie sollten sich das bei jedem Gespräch bewußt machen.

Was Sie von unabhängigen FinanzdienstleisterInnen halten können

Krimiserie im ZDF am Freitagabend: Wer, dreimal dürfen Sie raten, lebt in schickem Ambiente, fährt einen Porsche und ist der Mörder? Nein, nicht der Gärtner oder Chauffeur, der war es in den 50er und 60er Jahren und ist heute passé. Heutzutage meuchelt der Anlageberater den Fabrikanten X, damit niemand merkt, daß dieser durch seine Machenschaften arm geworden ist.

Kaum ein Berufsstand hat einen so schlechten Ruf. In kaum einem Berufszweig tummeln sich so viele schwarze und sehr viele graue, nein, nicht Schafe, sondern Wölfe. Der Informationsdienst der Branche, der »gerlach-report«, berichtet denn auch regelmäßig über die Blutbäder, die diese Wölfe in den Anlegerherden anrichten.

Auch die Berufsverbände der FinanzdienstleisterInnen wissen um das schlechte Image der Branche und bemühen sich, Zulassungskriterien für die Aufnahme in den Verband zu schaffen, die ähnlich wie die Mitgliedschaft im Ring Deutscher Makler ein gewisses Maß an Seriosität gewährleisten. Es kann nicht länger angehen, daß ein junger Mann, der gestern noch Herrenoberbekleidung verkaufte, heute als »Wirtschaftsberater« Immobilien verhökert.

Die »Wölfe«, die es in jeder Branche gibt, erregen öffentliches Aufsehen. Weniger von sich reden machen die seriösen FinanzdienstleisterInnen mit solidem Hintergrund und moralischem Anspruch. Sie gibt es aber auch. Ihre Tätigkeit wird in den kommenden Jahren an Bedeutung gewinnen. Mit dem europäischen Binnenmarkt drängen zahllose ausländische Anbieter von Geldanlagen auf den Markt. Die Zahl der angebotenen Investmentfonds beispielsweise hat sich in den letzten Jahren verdoppelt. Hier ist qualifizierte und unabhängige Beratung dringend vonnöten.

Bankangestellte müssen in der Regel mit den Produkten des eigenen Hauses arbeiten. Dies muß nicht unbedingt negativ sein, das Spektrum der Möglichkeiten ist aber eingeschränkt. Unabhängige FinanzdienstleisterInnen können aus einer großen Produktpalette verschiedenster, namhafter Anbieter auswählen. Sie können damit hervorragende Angebote auch den AnlegerInnen zugänglich machen, die nicht über Hunderttausende von Mark verfügen.

Unabhängige FinanzdienstleisterInnen arbeiten zu den gleichen Konditionen wie Banken, d. h. sie leben von der Vermittlung von Finanzprodukten und beziehen aus den Abschlüssen die gleichen Provisionen, die auch Banken erhalten.

Aber unabhängige FinanzdienstleisterInnen beziehen kein festes Gehalt wie Bankangestellte, und sie erhalten nicht die vom Zweigstellenleister ausgewählte Information auf den Tisch. FinanzdienstleisterInnen müssen einen großen Teil ihrer Zeit und ihres Einkommens auf Beschaffung und Verwertung von Informationen verwenden, auf Fortbildung, auf den Besuch von Tagungen, auf Austausch mit Geschäftspartnern und Kollegen.

Sie fragen nun zu Recht, wie Sie die schwarzen Schafe von den weißen unterscheiden können! Wenn Sie dieses Buch aufmerksam gelesen haben, ist das nicht schwer.

Ganz gleich, von wem oder wo Sie sich beraten lassen, die folgenden *Kriterien* sollten der Maßstab für die Qualität des Beratungsgesprächs sein, wobei ich bewußt einige Punkte von S. 141 wiederhole:

- Sind Sie nach ihrer Vermögenssituation gefragt worden? Es ist wichtig für neue Anlageentscheidungen, ob, in welcher Höhe und in welche Art Geldanlagen Sie schon investiert haben.
- Ist Ihre steuerliche Situation in die Überlegungen einbezogen worden? Manche Geldanlagen rechnen sich nur bei einem hohen Steuersatz.
- Haben Ihre wirtschaftlichen Ziele und Wünsche eine Rolle gespielt: Es ist bedeutsam, ob Sie sich z. B. in einigen Jahren selbständig machen werden oder eine größere Investition planen.
- Wurde Ihre persönliche Risikobereitschaft angesprochen, bzw. wurden Sie auf Geldanlagen aufmerksam gemacht, die zwar ein höheres Risiko bringen, aber auch höhere Chancen haben?
- Wurde Ihnen nur ein Anlagevorschlag gemacht oder mehrere Alternativen aufgezeigt? Sind Ihnen nach dem Gespräch auch die Nachteile der jeweiligen Geldanlagen bewußt?
- War die Gesprächsatmosphäre freundlich? Hat sich der/die BeraterIn so ausgedrückt, daß Sie alles verstanden haben?
- Hat der/die BeraterIn Ihnen Zeit gelassen, die Vorschläge zu überdenken, oder wurden Sie gedrängt oder gar unter Druck gesetzt?

Warum es *Finanzdienstleistungen von Frauen für Frauen* gibt

Frauen verdienen, Frauen erben. Zum ersten Mal in der Geschichte verfügen Frauen in größerem Umfang über eigenes Geld. Frauen wollen und müssen deshalb mehr wissen über Geld und Geldanlagen, über finanzielle Planung und wirtschaftliche Absicherung. Aber immer mehr Frauen möchten anders beraten werden als in der Branche üblich:
– Frauen möchten informiert werden – aber nicht von oben herab,
– Frauen möchten Geschäftspartnerinnen sein und nicht Bittstellerinnen,
– Frauen möchten sachlich informiert und nicht mit Fachchinesisch zugedeckt werden.

Lesen Sie dazu einen Bericht von Eva Dörpinghaus, den ich hier wörtlich übernehme. *

Eine eigene Frauenbank gibt es in Deutschland nicht. Nicht mehr: Im Jahre 1908 gründeten Frauen in Berlin eine Bank nur für Frauen und eine Zeitschrift namens »Frauenkapital« gleich dazu. Das ist lange her, und – leider – sind beide (wohl wegen Geldmangels) wieder eingegangen. Anderswo auf der Welt, so in Amerika, Indien und in Basilien, haben Frauen bereits ihre eigenen Banken gegründet. In Edinburgh und Genf gibt es immerhin Zweigstellen der Royal Bank of Scotland bzw. der Banque Hypothécaire du Canton de Genève, die ausschließlich für Frauen reserviert sind. Frauen in Deutschland, die keine Lust mehr haben, sich von Bankern »über den Tisch ziehen« oder seltsam anreden zu lassen (»Sollen wir nicht lieber noch auf Ihren Gatten warten?«),

* Erstabdruck in »Was Frauen über Geld wissen sollten«, Verlag Gruner & Jahr, Hamburg 1992.

können sich jetzt seit einigen Jahren fachliche Beratung für ihre Geldanlagen bei Fachfrauen holen. So haben sich beispielsweise sieben Versicherungs- und Finanzexpertinnen*, die schon seit längerem in ihren eigenen Büros Frauen in Geldangelegenheiten beraten, im bundesweiten »Arbeitskreis Versicherungs- und Finanzexpertinnen für Frauen« zusammengeschlossen.

Sie arbeiten unabhängig von bestimmten Versicherungsgesellschaften oder Banken. Sie leben entweder von der Provision oder von einem Beratungshonorar. Ihr Ziel: Die wirtschaftliche und persönliche Eigenständigkeit von Frauen zu unterstützen. Ob Geldanlagemöglichkeiten, Kredite, Darlehen oder Versicherungen – die Fachfrauen prüfen die Angebote unter dem Aspekt des Nutzens für Frauen. Folgendes Interview, das ich mit Helma Sick von »Finanzdienstleistungen für Frauen« in München geführt habe, zeigt, wie solche Beratungen ablaufen, für wen sie in Frage kommen und wie sie sich von den meisten herkömmlichen Beratungsgesprächen mit Bankern unterscheiden.

Was unterscheidet eine Anlageberatung von Frauen für Frauen von einer anderen »normalen« Anlageberatung?

Wir setzen auf ganz gründliche Aufklärung unserer Kundinnen und üben überhaupt keinen Verkaufsdruck auf sie aus. Die Frauen haben die Wahl, ein geringes Beratungshonorar zu zahlen oder sich ein Geldgeschäft vermitteln zu lassen, dann entfällt das Honorar. Wir telefonieren aber grundsätzlich keiner Frau hinterher oder drängen sie, sich doch endlich mal zu entscheiden. Sie muß von sich aus wieder auf uns zukommen.

Am Anfang, als ich in die Branche einstieg, ist mir von männlichen Kollegen prophezeit worden, das würde nie und nimmer funktionieren. Man müsse die Leute 14 Tage später anrufen und sie fragen: »Haben Sie sich schon entschieden? Brauchen Sie noch eine Information? Wollen

---

* Es sind heute schon acht (H. S.).

wir noch einen zweiten Termin ausmachen?« Wenn man die Kunden in Ruhe ließe, meinten die Kollegen, kämen sie nie wieder. Das stimmt einfach nicht! Die Frauen kommen wieder. Manche kommen vielleicht erst nach einem halben Jahr – aber dann haben sie eben so lange gebraucht.

Glauben Sie, daß Frauen eine spezifische Finanzberatung brauchen, die auf sie und ihre Bedürfnisse ausgerichtet ist?

Ja, das glaube ich. Ich erlebe, daß Frauen mit Gelddingen und Geldgeschäften ganz anders umgehen als Männer. Für Frauen hat Geld einen ganz anderen Stellenwert. Frauen trennen Geldangelegenheiten weniger von ihrer persönlichen Situation als Männer. Das Geld soll für sie in einer bestimmten Situation etwas tun. Darauf gehe ich dann ganz speziell ein, frage ganz genau nach und nehme mir sehr viel Zeit für das Gespräch. Weil ich der Meinung bin, daß ein Geldgeschäft nicht von der Person und der Situation, in der sie sich befindet, trennbar ist. Zum Beispiel: Es gibt eine Reihe von Frauen, die mit ihrem Erbe ganz schlecht umgehen. Im Beratungsgespräch stellt sich dann heraus, daß sie große Schwierigkeiten damit haben, plötzlich soviel Geld zu besitzen – entweder weil sie mit ihren Eltern, von denen das Erbe stammt, Probleme hatten oder weil sie es nicht schaffen, etwas, das ihnen in den Schoß gefallen ist, anzunehmen. Viele Frauen trauen sich dabei nicht, damit etwas schöner zu leben und sich etwas zu leisten. Da haben sie gleich ein schlechtes Gewissen.

Dann erlebe ich immer wieder in meinen Beratungen, daß Frauen sagen: »Geld ist schmutzig. Ich will damit eigentlich gar nichts zu tun haben.« Obgleich sie kein Polster für Notfälle haben, keine Altersversorgung, nichts. Da stehen mir die Haare zu Berge! Diesen Luxus kann sich heute keine Frau mehr leisten! Und dann reden wir darüber: Warum findet sie Geld schmutzig? Warum kann die Frau nicht sehen, daß Geld ein neutrales Mittel ist, ein Tausch- und Wertaufbewahrungsmittel?

Bei älteren Frauen kommt oft das Verhältnis zu den Kindern zur Sprache. Viele wollen ihr Geld so anlegen, daß sie es ihren Kindern vermachen können. Ich frage dann immer: »Warum?« Dann schauen sie mich ganz groß an: »Ja, wer will das denn nicht?« Ich zum Beispiel! Ich denke, wenn wir heute unseren Kindern eine gute Ausbildung als Rüstzeug fürs Leben mitgeben, dann ist das viel. Ich denke, jede Frau sollte schauen, daß sie sich im Alter versorgen und anständig leben kann und nicht den Kindern auf der Tasche liegen muß. Das ist die beste Vorsorge für sie. Aber viele Frauen leben bescheiden, damit sie den Kindern viel vererben können. Statt zu sagen: »Jetzt bin ich 65 oder 70, und ich habe ein Leben lang gearbeitet. Jetzt gönne ich mir mal was. Jetzt gehe ich einmal in der Woche schön essen, zur Kosmetikerin und zur Massage.«

Sie sehen, das ist alles sehr vielschichtig in den Gesprächen. Da geht es nicht nur um die Frage: »Wohin mit meinem Geld?«

Machen Sie auch die Erfahrung, daß Frauen risikobewußter mit Geld umgehen und daß es ihnen wichtiger ist, ihr Geld verfügbar zu haben, als eine hohe Rendite zu bekommen?

Ja, absolut. Gerade die Geschichte mit der Verfügbarkeit, das ist für mich ein Phänomen. Viele Frauen, die zu mir kommen, möchten ihr Geld am liebsten permanent bei sich haben, zumindest jederzeit darauf zurückgreifen können. Zu diesem Bedürfnis paßt ein Sparbuch besonders gut. Man hat was in der Hand, und da steht genau drin, was drauf ist. Und man kann Monat für Monat bis zu 2000 Mark * auf einmal abheben. Ich vermute, dieses Verhalten hängt damit zusammen, daß Frauen bisher überwiegend Geld verwaltet haben, das für den täglichen Bedarf bestimmt war. Dieses Geld mußte ja jederzeit

* Jetzt 3000,– DM (H. S.)

verfügbar sein. Aber auch Frauen, die viel Geld haben, verhalten sich oft noch so, als hätten sie nur Haushaltsgeld und müßten es ständig für tägliche Ausgaben parat haben.

Andererseits verhalten sich Frauen in Sachen Geld keineswegs nur ungeschickt. Ihre Scheu vorm Spekulieren, ihre Skepsis Unbekanntem gegenüber und ihr großes Sicherheitsbedürfnis haben ja auch eine positive Seite. Wenn Frauen sich mehr für das Thema Geld interessieren, sich besser informieren, und diese besseren Informationen auf ihre ganz persönliche Weise nutzen, dann können sie in Geldangelegenheiten sehr gut sein. Besser als manche Männer, die nur auf die schnellen Gewinne und die heißen Tips abfahren. Das sind ja häufig Flops. Die passieren einer Frau äußerst selten.

Wie genau läuft eine Beratung bei Ihnen ab?

Schon am Telefon sage ich der Kundin, daß sie bestimmte Unterlagen mitbringen soll, z. B. über bereits vorhandene Geldanlagen. Am besten ist, wenn sie eine Aufstellung darüber mitbringt, was sie schon hat. Wenn sie das einmal alles auflistet, sieht sie: »Aha, ich habe ja zwei Sparbücher und zwei Girokonten, auf denen was drauf ist, und noch ein Postsparbuch.« Außerdem möchte ich gerne wissen, welche Altersversorgung sie hat, welches zu versteuernde Einkommen, und was ihre wirtschaftlichen Ziele für welchen Zeitraum sind. Ob sie plant, sich mal eine Eigentumswohnung zu kaufen, ob sie vorhat, eine Zeitlang ins Ausland zu gehen, oder ob sie vielleicht noch mal eine Berufsausbildung machen möchte. Solche Pläne für einen Zeitraum von etwa zehn Jahren sind sehr wichtig.

Können die Frauen ihre wirtschaftlichen Ziele denn immer klar definieren?

Nicht aus dem Stand. Aber dafür führen wir ja das Gespräch. Dabei schauen wir uns als erstes ihren finanziellen Stand an und reden über ihre persönliche Situation. Erstaunlich viele Frauen sind in diesen Gesprächen sehr offen. Sie erzählen mir zum Beispiel, daß es in ihrer Ehe kriselt, sie eventuell mit einer Scheidung rechnen müssen und deshalb ihr Geld jetzt nicht langfristig anlegen können. Viele Frauen sind am Ende des Gesprächs über sich selbst erstaunt und sagen: »Das würde ich nie im Leben einem Banker erzählen.« Wenn ich mir ein Bild gemacht habe von der finanziellen und persönlichen Situation der Frau, mache ich meine Vorschläge. Wie die konkret aussehen, hängt von ihren Zielen ab und davon, ob es Lükken gibt – kurzfristige, weil kein Notgroschen da ist, oder langfristig, weil's bei der Altersversorgung hapert.

Was wir besprochen haben, halte ich schriftlich fest und schicke es den Frauen zu. Das mache ich aus Haftungsgründen, aber mit diesem Brief will ich auch Distanz schaffen. Ich will nicht, daß die Frau hier bei mir unter Druck gerät und sofort entscheidet. Deshalb schreibe ich ihr noch einmal alles auf, mache sie auf bestimmte Risiken bei bestimmten Geldangelegenheiten aufmerksam und schicke ihr Informationsmaterial. Sie soll zu Hause noch einmal in Ruhe alles durchlesen können und sich erst dann entscheiden. Wenn eine Frau zu mir sagt: »Ich mache alles, was Sie mir vorschlagen«, dann antworte ich: »Das möchte ich nicht. Ich möchte, daß Sie sich selbst informieren.«

Kann ich auch wegen einer Finanzberatung zu Ihnen kommen, wenn ich gar kein Geld auf dem Konto habe oder in den Miesen bin?

Wenn eine Frau sagt: »Ich habe jetzt zwar nichts, aber ich möchte Vermögen bilden«, kann sie gern kommen. Wenn sie es möchte, schauen wir uns dann gemeinsam an, wo sie Einsparungen vornehmen könnte, damit sie monatlich noch etwas zur Seite legen kann. Und dann suchen wir eine Anlageform, die dazu paßt.

Was können Frauen ganz allgemein tun, um ein anderes Verhältnis zum Geld zu bekommen?

Das wichtigste ist, daß sie sich erst mal darüber klarwerden, welches Verhältnis sie überhaupt zu Geld haben. Viele denken ja, es sei normal, sich nicht gern mit Geld zu beschäftigen. Wenn sie das erst mal als Problem erkennen und sich überhaupt an das Thema heranwagen, ist schon viel gewonnen.

Dann ist es natürlich wichtig, daß die Frauen sich besser informieren. Es gibt mittlerweile in vielen Frauenzeitschriften eine feste Rubrik über Finanzen; der Wirtschaftsteil ihrer Tageszeitung informiert über grundlegendere Dinge: Wie entwickeln sich die Zinsen? Was hat die Bundesbank vor? Und so weiter... Dann muß der praktische Schritt folgen: Die Frauen müssen ihre finanziellen Angelegenheiten in die eigenen Hände nehmen. Es muß ja nicht jede Frau gleich zu einer Anlageberaterin gehen. Wichtig ist, erst mal eine Bestandsaufnahme zu machen, sich zu überlegen: Was will ich in finanzieller Hinsicht, welche Ziele habe ich, und dann ein kurz-, mittel- und langfristiges Konzept zu erstellen.

Vor allen Dingen müssen die Frauen sich mit ihrer Altersversorgung beschäftigen. Viele Frauen sind da viel zu fahrlässig und haben noch sehr viele Illusionen. Ein Mann ist keine Altersversorgung! In München wird mittlerweile jede zweite Ehe geschieden. Natürlich hoffe ich auch, daß mir das nicht passieren wird, aber weiß ich's denn? Spätestens ab 40 muß sich jede Frau genau darüber informieren, wieviel Rente ihr später einmal zusteht, sich überlegen, wieviel Geld sie im Alter monatlich brauchen wird, und überprüfen, ob das sichergestellt ist. Heute leben viele ältere Frauen unter dem Existenzminimum. Die jüngeren Frauen sollten rechtzeitig Vorsorge treffen!

Resümee

Sie sind nun am Schluß dieses Buches angelangt, und ich möchte noch einmal mit Ihnen auf den Weg zurückschauen, den Sie durch dieses Buch gegangen sind:

Am Anfang haben Sie gesehen, wie der ideale Umgang mit Geld sein sollte. Und Sie haben auf den darauf folgenden Seiten gelesen, wie die Realität aussieht, wie Erziehung und gesellschaftliches Umfeld bisher verhinderten, daß Frauen *Geld* (ganz real und als Thema) für sich erobern.

Im zweiten Kapitel dann haben Sie hoffentlich mit Interesse gelesen, welche Geldanlagen für einen soliden Vermögensaufbau in Frage kommen, mit welchen Chancen und Risiken Sie rechnen können und müssen und – auch –, daß es die ideale Geldanlage für alle nicht gibt.

Im dritten Kapitel haben Sie gesehen, wie Sie das neu erworbene Wissen umsetzen können. Sie haben die Grundprinzipien der Vermögensplanung kennengelernt und erfahren, welche Geldanlagen in welchen Lebensabschnitten sinnvoll sein können.

Der Abschnitt über Steuern sollte Ihnen zeigen, wie Sie die vorhandenen Steuersparmöglichkeiten nutzen können, aber auch, welche Auswüchse sich darum ranken, wie der verständliche Wunsch, Steuern zu sparen, zum Fetisch werden kann.

Im Kapitel über Altersversorgung sollten Sie aufmerksam werden auf ein gravierendes, oft unterschätztes Problem, das wesentlich mehr Frauen betrifft als Männer.

Und dann mußten Sie lesen, wie und durch wen Sie möglicherweise daran gehindert werden, zu Wohlstand zu gelangen. Aber auch, im letzten Kapitel, wer Ihnen wiederum dabei helfen kann.

Und mir bleibt jetzt nur noch, Ihnen viel Freude beim Geldanlegen und viel Erfolg zu wünschen!

Schluß

Aus einem Vortrag von VIRGINIA WOOLF vor der National Society für Womens Service im Januar 1931*:

»...In dem Haus, das bisher ausschließlich das Eigentum von Männern war, haben Sie für sich eigene Zimmer erstritten...

Aber diese Freiheit ist erst ein Anfang; das Zimmer ist Ihr eigen, aber es ist noch kahl. Es muß möbliert werden; es muß ausgeschmückt werden; es muß mit anderen geteilt werden.

Wie werden Sie es möblieren, wie werden Sie es ausschmükken? Dies, denke ich, sind Fragen von größter Tragweite und höchstem Interesse.

Zum ersten Mal in der Geschichte sind Sie imstande, sie zu stellen; zum ersten Mal sind Sie imstande, selbst zu entscheiden, wie die Antworten lauten sollen.

Gern würde ich bleiben und diese Fragen und Antworten diskutieren – aber nicht heute.

Meine Zeit ist um; und ich muß schließen.«

* Virginia Woolf, »Frauen und Literatur«, Fischer-Verlag, Frankfurt a. M. 1992, S. 37.

Danksagung

Von ganzem Herzen danken möchte ich Erwin, meinem Mann, für seine liebevolle Unterstützung, für seine konstruktive und engagierte Begleitung meiner Arbeit und für die Selbstverständlichkeit, mit der er während der Entstehung dieses Buches meinen Anteil an Erziehungsaufgaben und häuslichen Pflichten übernahm.

Unserem Sohn Markus danke ich sehr, daß er meine häufige geistige und physische Abwesenheit freundlich akzeptierte und meinen Streß-Situationen mit Humor begegnete.

Außerdem gilt mein Dank dem Banker und Wertpapierspezialisten Peter Kuhn für seine stete Bereitschaft, mit mir über Fachliches zu diskutieren.

Danken möchte ich auch allen lieben Menschen, die mich während der Entstehung des Buches mit guten Wünschen begleiteten.

Besonders aber danke ich den vielen Frauen, die im Laufe der Jahre zu Beratungs- und Informationsgesprächen bei mir waren. Durch ihr Vertrauen, durch die offene Schilderung ihrer Lebenssituation, ihrer Ängste und Hoffnungen konnte ich viele Zusammenhänge deutlicher sehen, waren mir viele Einsichten möglich.

Literaturverzeichnis

Borneman, Ernest, »Psychoanalyse des Geldes«, Fischer-Verlag, Frankfurt a. M. 1973

Der Geldanlage-Berater, Loseblatt-Werk, Verlag Norman Rentrop, Bonn

Dörpinghaus, Eva, »Was Frauen über Geld wissen sollten«, BRIGITTE-Buch, Gruner + Jahr-Verlag, Hamburg 1992

Dowling, Colette, »Der Cinderella-Komplex«, Fischer-Verlag, Frankfurt a. M. 1984

Gourgé, Klaus, »Alles was Sie schon immer über Ihr Geld wissen wollten«, Gabler-Verlag, Wiesbaden 1993

Hübener, Erhard, »Erst denken, dann anlegen«, Haufe-Verlag, Freiburg i. Br. 1989

Kapferer, Helmut, »Die Jagd nach Ihrem Geld«, Haufe-Verlag, Freiburg i. Br. 1990

Katzenstein, Bernd, »Reich werden nach Plan«, Econ-Verlag, Düsseldorf 1991

Königswieser, Roswitha/Froschauer, Ulrike/Klipstein, Barbara/Schaub, Ursula/Veith, Monika, »Aschenputtels Portemonnaie«, Campus-Verlag, Frankfurt 1990

Kück, Marlene u. a., »Der unwiderstehliche Charme des Geldes«, rororo-Verlag, Hamburg 1988

Küntzel, Uwe/Wachauf, Gerhard, »Empfehlenswerte Kapitalanlagen«, H + G-Verlags- und Vertriebs-GmbH, Baierbrunn 1992

Kuschel, Svea, »Frauen leben länger – aber wovon?«, Econ-Verlag, Düsseldorf 1992

Lindmayer, Karl H., »Geldanlage und Steuern 94«, Gabler-Verlag, Wiesbaden 1994

Perina, Udo, »Kursbuch Geld« 1 und 2, Fischer-Verlag, Frankfurt a. M. 1990/91

Siepe, Werner, »Die besten Konzepte für Ihre Geldanlage in Fonds«, Verlag Norman Rentrop, Bonn 1993

Tegtmeier, Ralph, »Der Geist in der Münze«, Goldmann-Verlag, München 1988

Register